蛙泳

全民健身项目指导用书

薛继升　杨明◎主编

吉林出版集团股份有限公司　全国百佳图书出版单位

图书在版编目（CIP）数据

蛙泳 / 薛继升，杨明主编. -- 2版. -- 长春：吉林出版集团股份有限公司，2010.2（2024.8重印）
全民健身项目指导用书
ISBN 978-7-5463-2340-4

Ⅰ.①蛙… Ⅱ.①薛… ②杨… Ⅲ.①蛙泳–基本知识 Ⅳ.①G861.13

中国版本图书馆CIP数据核字(2010)第028341号

全民健身项目指导用书
蛙 泳
WAYONG

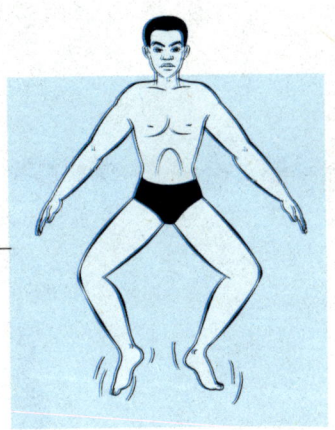

主　　编	薛继升　杨　明
责任编辑	黄　群　杜　琳
封面设计	吕宜昌
开　　本	650mm×960mm　1/16
印　　张	8
字　　数	30千
版　　次	2010年2月第2版
印　　次	2024年8月第4次印刷
出版发行	吉林出版集团股份有限公司
地　　址	吉林省长春市福祉大路5788号
邮　　编	130000
电　　话	0431-81629968
电子邮箱	11915286@qq.com
印　　刷	三河市金兆印刷装订有限公司
书　　号	ISBN 978-7-5463-2340-4　定　价　39.80元

版权所有　翻印必究
如有印装质量问题，请寄本社退换

序言

自1995年我国政府推出《全民健身计划纲要》以来，我国群众性体育活动蓬勃发展，取得了显著的成绩。2008年，举世瞩目的北京奥运会的成功举办，极大地激发了亿万人民群众的体育热情，增强了全社会的体育意识，营造了浓厚的全民健身氛围。面对这样的可喜局面，群众体育科研、教学工作者应义不容辞地为社会实践服务，从不同角度思考，如何使普通百姓通过简而易行的身体锻炼方式、方法和手段达到良好的健身效果，达到拥有健康的目标，从而享受生活、享受快乐人生。该书系就是在这样的思想指导下诞生的。

本书系能够顺应国家体育的大政方针，掌握时代脉搏，对指导大众健身，使大众掌握健身方法和手段有很好的促进作用。

本书系图文并茂，实用性强，分为球类运动、体操健身运动、传统武术、冰雪运动、水上运动、体育舞蹈、休闲运动、格斗运动、民间体育活动和极限运动等十大类项目，计100分册，按照统一的体例，力争有所创新。每册的具体内容为该项目的起源与发展、运动保健、基本技术、运动技巧、比赛规则等,使读者在学习过程中,不仅能够学会运动健身的方法,同时还能够学到保健方面的基本知识。

经国务院批准,自 2009 年起,将每年的 8 月 8 日定为"全民健身日"。《全民健身项目指导用书》的出版,必将为开展全民健身活动起到积极的推动和指导作用。

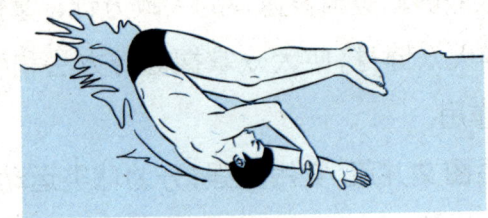

目录 CONTENTS

第一章 概述
第一节 起源与发展/002
第二节 场地和装备/005

第三章 基本技术
第一节 熟悉水性练习/030
第二节 腿部技术/042
第三节 手臂技术/050
第四节 身体姿势/053

第二章 运动保健
第一节 自我身体评价/010
第二节 运动价值/014
第三节 运动保护/018

第五节 呼吸技术/054
第六节 完整配合技术/056
第七节 出发技术/058
第八节 转身技术/071
第九节 结束动作/077

附 录
技术等级和段位标准表/084

第四章 比赛规则
第一节 比赛方法/080
第二节 裁判方法/082

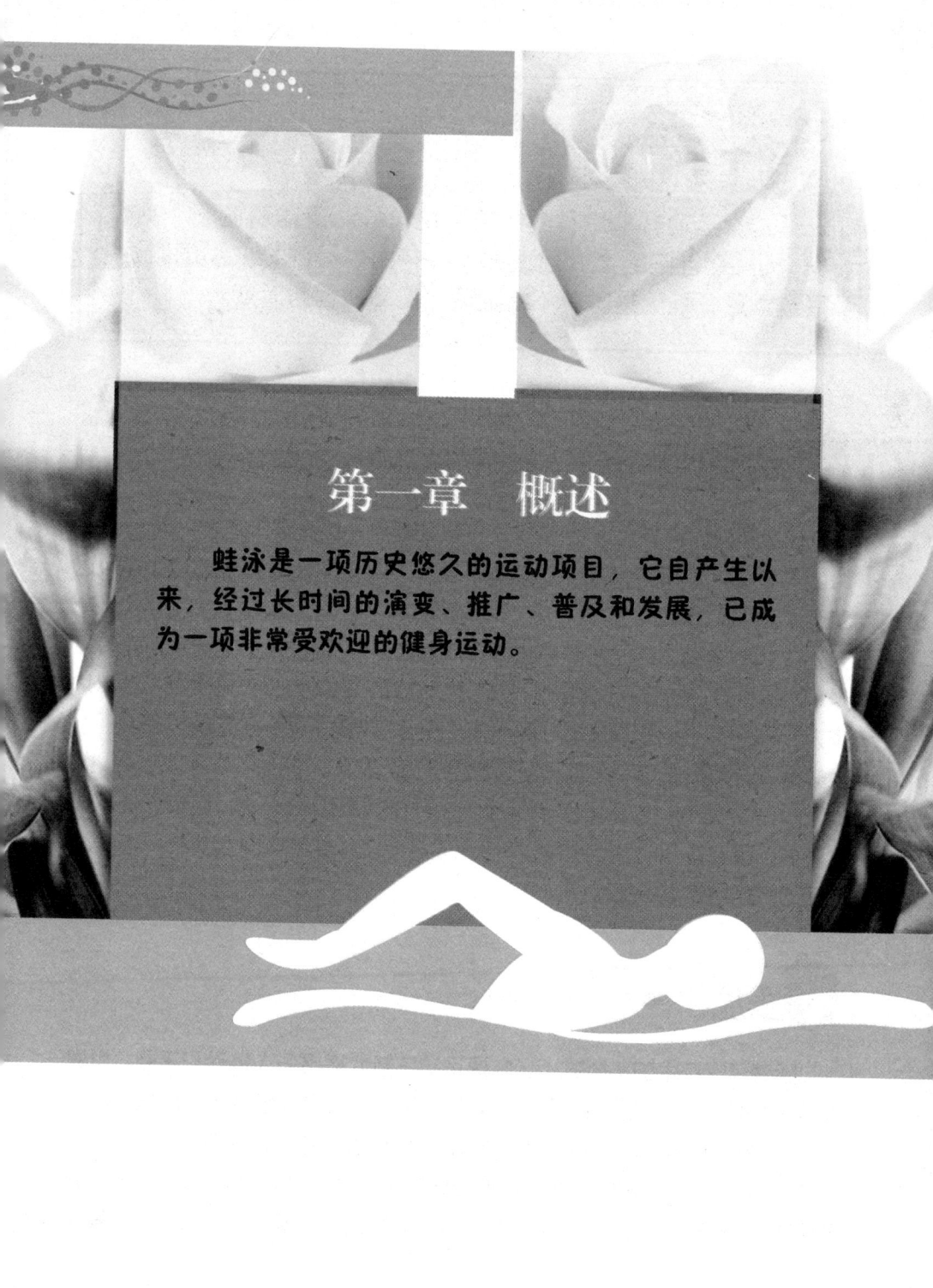

第一章 概述

蛙泳是一项历史悠久的运动项目,它自产生以来,经过长时间的演变、推广、普及和发展,已成为一项非常受欢迎的健身运动。

第一节 起源与发展

蛙泳运动有着悠久的历史，现代蛙泳运动萌生于19世纪，于20世纪上半叶迅速在世界范围内得到推广。国际泳联成立后，蛙泳进入了不断发展、提高和创新时期。

概述

蛙泳是模仿青蛙游泳动作的一种游泳姿势，也是最古老的一种游泳姿势。早在2000～4000年前，在中国、古罗马和古埃及等国就都有了类似这种游泳姿势的记载。

18世纪中期，蛙泳在欧洲被称为"青蛙泳"。这种泳姿的腿部动作特点是：两腿分开，两膝较宽地进行蹬夹水。这样，身体姿势较为平稳，游起来省力，易持久，实用价值大，而且呼吸方便，常用于渔猎、泅渡、救护、水上搬运等。因此深受广大游泳爱好者的欢迎。

19世纪初期，蛙泳是在游泳比赛中最早被采用的泳式，但由于蛙泳速度较慢，因此在20世纪初期的不分泳式的自由泳比赛中受到排挤，曾一度没有人愿意用蛙泳参加比赛。

随着游泳技术的不断进步，蛙泳运动不断地被更多人接受和喜爱。世界性游泳机构的设立以及各项赛事的开展，进一步推动了蛙泳运动的普及。

在1904年第3届奥运会上，蛙泳和其他泳式分开，并增设了男子400米蛙泳项目。第4届奥运会蛙泳项目改为200米。1924年增设了女子200米蛙泳。到1968年第19届奥运会又增设了男女100米蛙泳项目，并沿袭至今。

　　从蛙泳的技术发展看，自蛙泳产生到1936年，是现代蛙泳技术发展的第一阶段。这一阶段，日本运动员改进了德国运动员的半圆形蛙泳技术，加长了划水路线，并采用了屈臂高肘的划水技术，这为现代蛙泳技术的发展奠定了基础。

　　1937-1952年是蛙泳技术发展的第二阶段。在这一阶段中，运动员为了谋求更快的蛙泳速度，采用了两臂划水至大腿后提臂出水、经空中向前移臂的技术，形成了蝶式蛙泳技术。

　　第15届奥运会以后，国际泳联规定把蝶式蛙泳列为蝶泳，允许蛙泳在水下游进，因此蛙泳技术又出现了一次革新，并产生了潜水蛙泳技术，从而开始了蛙泳技术发展的第三个阶段。

　　第16届奥运会后，国际泳联又作了新的规定：在蛙泳比赛中，禁止使用潜泳。这使水面蛙泳得到了恢复和新的发展。

机构与赛事

机构

　　国际业余游泳联合会（FINA）简称国际泳联，于1908年成立，总部设在瑞士洛桑，现有协会会员209个，分属非洲、亚洲、美洲、欧洲和大洋洲5个大洲游泳联合会。

　　中国在中华人民共和国成立前即为国际泳联会员，后于1958年退出，1980年7月又恢复会员资格。

赛事

　　(1)奥运会蛙泳赛，每4年一届；
　　(2)世界游泳锦标赛，每4年一届；
　　(3)世界杯游泳赛，每2年一届。

现状

国内

为更广泛地开展群众性体育活动，增强人民体质，推动我国社会主义现代化建设事业发展，1995年6月，国务院提出了《全民健身计划纲要》，号召全社会广泛开展全民健身运动。目前，全民健身运动在全国范围内蓬勃发展，具有中国特色的全民健身体系的框架已经初步形成。全民健身运动的开展，有利于提高人们的生活质量，丰富业余文化生活，促进社会进步，有利于加强社会主义精神文明和物质文明建设，提高我国的综合国力，振奋民族精神。

游泳运动适宜各种年龄人群参与，健身、健美效果极佳，防御疾病作用明显。同时，近些年我国游泳条件有了极大的改善和发展，群众性游泳活动在原有普及程度较高的基础上，又有了新的发展。

中国蛙泳运动的名将要数罗雪娟和齐晖。罗雪娟是雅典奥运会女子100米蛙泳冠军，五枚世锦赛金牌得主。而老将齐晖，虽然年龄不是最大，却是中国游泳队中的"大姐大"人物。她在悉尼奥运会上获得女子200米蛙泳第四名，在2006年短池游泳世锦赛上获得200米混合泳第一名、400米混合泳第一名、200米蛙泳第一名，已成为了中国女子游泳的领军人物。

国外

当今世界游泳运动已经进入到高速发展的时期，运动纪录逐渐刷新，优秀运动员的平均年龄逐年增长，运动寿命延长。游泳强国加大了资金、人力和技术的投入，更加重视科研工作，游泳运动正朝着更高、更快、更强的方向走下去。

第二节 场地和装备

蛙泳作为游泳运动的一种泳姿，对场地和装备的要求跟其他三种泳姿是一样的。场地是游泳运动开展的基础条件，良好的装备是游泳者的安全保障。

游泳运动可在一般的娱乐性游泳池中进行，也可在正规的比赛游泳池中进行。下面介绍一下正规的比赛游泳池。

规格

（1）比赛游泳池长 50 米，池宽至少 25 米，深 2 米以上；

（2）设 8 条泳道，每条泳道宽 2.5 米，第一和第八泳道的外侧分道线距离池壁 2.5 米。

设施

出发台

（1）出发台应设于泳池两端每条泳道的中央位置上，其前缘高出水面 50～75 厘米；

（2）出发台表面尺寸为 50 厘米×50 厘米，并覆盖防滑材料，倾斜度不超过 10 度；

（3）前倾式出发把手应该安装在出发台两侧，并保证让使用前倾式出发姿势的运动员能够抓住平台。

分道线

（1）分道线长度应和赛道长度一致，固定在凹进两端池壁的挂钩上；

（2）挂钩的位置应该保证分道线两端的浮标能够浮在水面上；

(3)分道线浮标直径为 0.05～0.15 米。

 出发犯规召回线

(1)出发犯规召回线应该悬挂在水面以上不低于 1.2 米的位置，距离每端池壁 15 米；

(2)出发犯规召回线应该由一个快速断开装置连接，启动时必须能有效地覆盖所有泳道。

要求

(1)两端池壁必须垂直平行，水面上方 0.3～0.8 米的池壁必须结实、平整、防滑；
(2)池水温度为 26℃(误差在 1℃以内)；
(3)水面要平稳，如采用循环换水，池水不得有明显的流动或旋涡；
(4)池水应达到使运动员能看清池底和池壁标志线的清澈程度；
(5)整个游泳池的灯光强度不得小于 1500 勒克斯。

合适的游泳装备既可以让游泳者在游泳时感觉舒适，也能为游泳者提供安全保障。常用的游泳装备有游泳衣、游泳帽、游泳镜、耳塞、鼻夹、浴巾和拖鞋等。

游泳衣 见图 1-2-1

游泳衣必须合身，太大容易兜水，加大身体负重和阻力，影响游泳动作；太小则会感觉不舒服，也妨碍游泳动作。

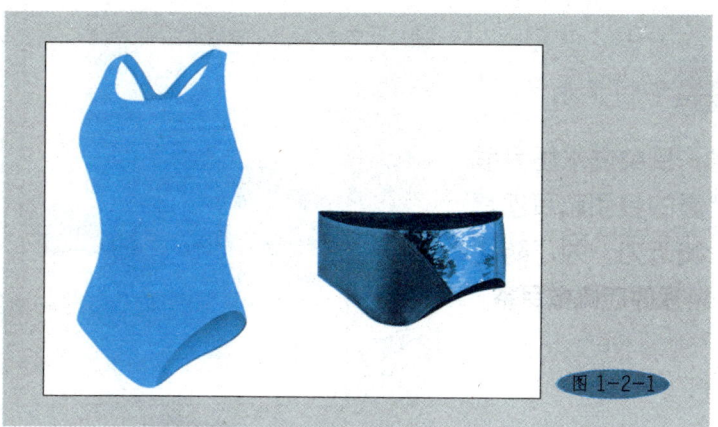

图 1-2-1

 见图 1-2-2

游泳时戴游泳帽，既可以防止头发散乱，还可以防止因水质不好而损伤发质。游泳帽不能过大，否则容易脱落。

图 1-2-2

 见图 1-2-3

池水如果不干净，游泳时细菌很容易进入眼中，导致红眼病等眼部疾病的发生。为了预防眼部疾病，游泳时佩戴游泳镜是十分必要的。对于初学者来说，戴游泳镜还可以纠正在水中睁不开眼睛的问题。

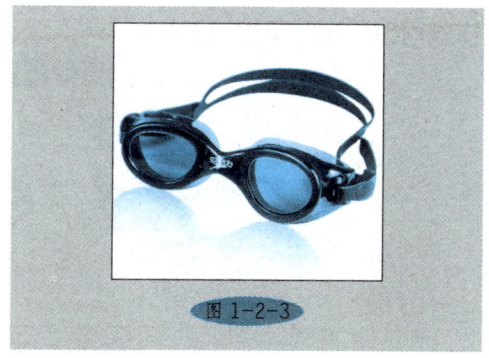

图 1-2-3

 耳塞 见图 1-2-4

游泳时，耳朵进水后会很不舒服，严重的会引起耳部疼痛，甚至影响听力，为了防止耳朵进水，游泳时应佩戴耳塞。

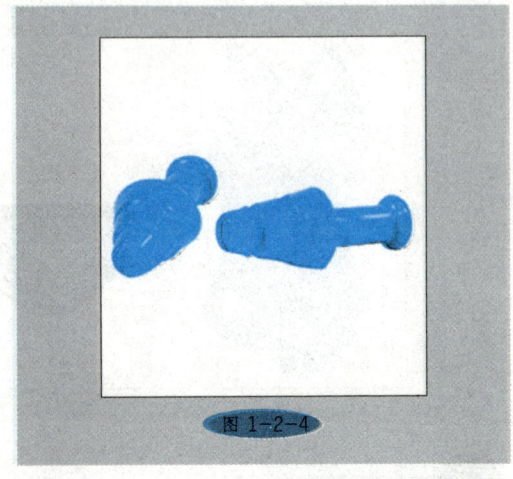

图 1-2-4

 鼻夹 见图 1-2-5

游泳时，水波会把水冲入鼻孔，引起呛水。此外，没有掌握好呼吸技术也会引起呛水。因此，游泳时戴好鼻夹是十分必要的。

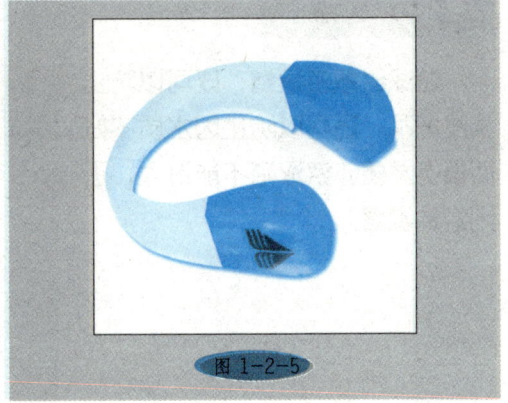

图 1-2-5

浴巾和拖鞋 见图 1-2-6

游泳者在上岸休息时，可以用毛巾擦干身体，披上浴巾，穿上拖鞋。这样既可以保暖，又比较卫生。

图 1-2-6

第二章　运动保健

体育运动对增强体质、预防疾病和促进健康具有良好的作用。但是,并非所有人从事相同的运动都会达到同样的效果。对于同一种运动负荷,不同人机体的反应差异是很大的,即使同一个体,在不同时期、不同机能状态下,对同一负荷的反应及效果也是不一样的。因此,对于不同个体,应制定适合其机能需要的运动强度、时间、频率和持续周期。从事体育锻炼一定要讲究科学性,使机体最大限度地获得运动价值,使某些疾病得到有效的防治。

第一节 自我身体评价

自我身体评价是指根据个体的不同情况以及简单的功能评定标准，对锻炼者进行身体评价，并以此为依据，确定具体的锻炼内容。

适宜人群

体适能是全身适应性的一部分，是人体精神和体力对现代生活的适应能力。为了促进健康，预防疾病，提高生活质量和工作学习效率，几乎所有人都可以追求健康的体适能，而且经过简单的评价和测试，均可以成为目标人群，即适宜人群。

健康体适能评价标准

健康体适能是指身体有足够的活力和精力处理日常事务，而不会感到过度疲劳，并且还有足够的精力去享受休闲活动和应对突发事件。

健康体适能是确定锻炼者是否为运动适宜人群的主要依据。目前的评价标准主要包括国民体质测定标准、学生体质测定标准和普通人群体育锻炼标准等。

国民体质测定标准主要包括形态指标、机能指标和素质指标3个部分，各项指标的测定结果均为1～5分，共5个级别。凡各项指标达不到4分或5分者，均应被纳入健身人群。

学生体质测定标准分为优秀、良好、及格和不及格4个级别。优秀水平以下者，均应被纳入健身人群。

普通人群体育锻炼标准分为5个级别，凡达不到4分或5分者，均应被纳入健身人群。

简易运动功能评定

简易运动功能评定的目的在于确定运动对象有无运动禁忌症或临时运动禁忌的情况,即是否适合参加体育锻炼,以达到防备万一,避免意外事故发生的目的。目前通行的方式是3分钟踏台阶测试。

目的

测试锻炼者运动后心率恢复的情况,以评估其心肺功能。

器材 见图 2-1-1

30厘米高的长凳、节拍器、秒表和时钟。

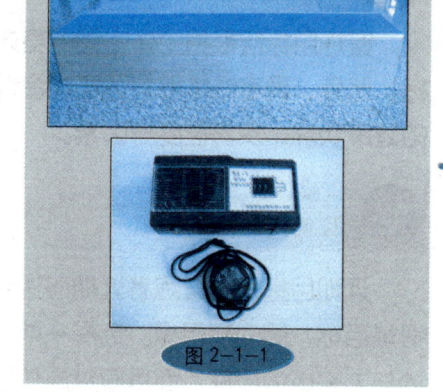

图 2-1-1

步骤 见表 2-1-1

(1)节拍器设定为每分钟96次,锻炼者依"上上下下"的节拍运动3分钟。

(2)锻炼者完成3分钟踏台阶后,5秒钟内开始测量其脉搏,时间为1分钟,记录其心率,并依据下表评价其功能水平。

(3)运动后心率越低,证明其心肺功能越好。在运动强度允许的范围内,锻炼者可选择运动强度的较高值来进行运动。

表 2-1-1　3分钟台阶测试评价表

	年龄(岁)	欠佳(次)	尚可(次)	一般(次)	良好(次)	优异(次)
男士	18~25	>115	105~114	98~104	89~97	<88
	26~35	>117	107~116	98~106	89~97	<88
	36~45	>119	112~118	103~111	95~102	<94
	46~55	>122	116~121	104~115	97~103	<96
	56~65	>119	112~118	102~111	98~101	<97
	65+	>120	114~119	103~113	96~102	<95
女士	18~25	>125	117~124	107~116	98~106	<97
	26~35	>128	119~127	111~118	98~110	<97
	36~45	>128	118~127	110~117	102~109	<101
	46~55	>127	121~126	114~120	103~113	<102
	56~65	>128	118~127	112~117	104~111	<103
	65+	>128	122~127	115~121	101~114	<100

注意事项

如受试者经过努力仍无法完成测试,或出现头晕、胸闷、出冷汗等症状,应终止测试。运动中应特别考虑运动强度,以防出现意外。

锻炼目标

锻炼目标应根据个体不同的身体状况来确定,可分为近期目标和远期目标。此外,确定锻炼目标还应结合锻炼者的运动意向、愿望和兴趣以及本人的健康状况、疾病程度等因素。

近期目标

近期目标是指锻炼者近期应达到的目标。在进行运动之前,应首先明确锻炼目标,即近期目标。选择一两个健康体适能构成要素,作为未来两个月内努力完成的目标,而且应从成功概率较高的构成要素开始,并将预期两个月后要达到的目标做上记号,如提高某个或某些关节的活动幅度,增强某个肌肉群的力量等。

远期目标

远期目标是指锻炼者最终要达到的目标。实践证明,经过科学合理的锻炼后,锻炼者是可以达到一般的远期目标的,如提高心肺功能,使其达到优秀的等级,或达到降血脂、防治高血压和冠心病的目的等。

运动负荷

运动负荷即运动量。怎样控制运动量,合适的运动时间是多少等,一直是人们争论不休的问题。但有一点是可以肯定的,那就是任何有关身体活动的意见和建议,都需要综合考虑锻炼者的身体状况和所要达到的目标,并以此为依据来制订科学的身体锻炼计划。

运动过程中,运动强度过小,达不到锻炼的效果;运动强度过大,不仅达不到最佳的锻炼效果,还可能产生一些副作用,甚至出现意外事故。确定运动强度有两种方法。

心率简易推测法

(1)年龄在 20 岁左右的年轻人,身体健康,能坚持体育锻炼,欲进一步提高身体机能,可取最大心率值(最大心率值=220－年龄)的 65%～85%。

(2)年龄在 45 岁以下,身体基本健康,有运动习惯者,开始进行健身锻炼,可取最大心率值的 65%～80%,没有运动习惯者,开始进行健身锻炼,可取最大心率值的 60%～75%。

(3)年龄在 45 岁以上,身体基本健康,有运动习惯者,开始进行健身锻炼,可取最大心率值的 60%～75%,没有运动习惯者,建议根据自身情况咨询专业人员来指导和确定运动强度。

主观感觉疲劳分级表推测法　见表 2-1-2

运动的疲劳程度大致分为 10 级,具体为:0～1 级,没感觉;2～3 级,尚轻松;4～5 级,稍累;6～7 级,累;8～9 级,很累;10 级,精疲力竭。因此,健身锻炼的运动强度应控制在主观感觉疲劳程度的 4～7 级。

主观感觉疲劳分级表

0 轻松	•	2 尚轻松	•	4 稍累	•	6 累	•	8 很累	•	10 精疲力竭

运动频率

　　运动频率是指每日及每周锻炼的次数。一般每周锻炼3~4次,即隔日锻炼1次即可。有充足的休息时间,可使身体得到充分的休息,收到更好的锻炼效果。

 运动持续时间

　　运动强度和运动持续时间,决定了一次锻炼的运动量和热量消耗。运动持续时间与运动强度成反比,运动强度大,运动持续时间可相应缩短,运动强度小,则运动持续时间应相应延长。

　　一般的健身锻炼,运动持续时间以每天20~60分钟为宜,其中包括准备活动时间、健身锻炼时间和整理活动时间。每次健身锻炼应在20分钟以上,锻炼可一次性完成,也可分段进行,但每段的活动时间应在10分钟以上。

第二节 运动价值

　　运动价值一直是人们探讨的问题,一般认为运动具有两方面的价值,即健身价值和心理价值。身体和精神的健康是相互依存的,伴随着身体功能的改善,精神状况逐渐也能同时得到改善。

 健身价值

　　健身价值在于提高体适能。体适能包括心肺耐力素质、肌肉力量素质、柔韧性素质和身体成分等。体适能的发展是积极从事锻炼的结果,只有规律性的体育锻炼才能达到最佳的体适能。

提高心肺耐力素质

心肺耐力是指全身肌肉进行长时间运动的持久能力，是体内心肺系统对身体各细胞的供氧能力。人体的心脏、肺、血管、血液等组织的功能是心肺耐力的基础，它们与氧气和营养物质的输送以及代谢物的清除有关。健全的心肺功能是健康的基本保证。

系统的体育锻炼，可以使心肌增厚，收缩力加强，心室容积增大，从而使心脏的泵血功能增强，表现为心血输出量增加。

系统的体育锻炼，呼吸系统机能也将得到提高，表现为呼吸肌的力量增强，肺活量、肺通气量明显增加，保证对机体供氧的能力。

系统的体育锻炼，可以促进血管系统的形态、机能和调节能力产生良好的适应力，从而提高机体的工作能力。

系统的体育锻炼，可以使血液系统产生某些适应性变化，如血容量增加、血黏度下降、红细胞膜弹性增强和红细胞变形能力增强等。

提高肌肉力量素质

肌肉力量是指肌肉最大收缩产生的对抗阻力或负荷的能力。肌肉力量只有达到一定的程度，才能克服外界阻力，而克服外界阻力是维持日常生活自理、从事各种劳动和运动的必要前提。

系统的体育锻炼，可以提高肌肉的生理横断面积，可以改善神经系统对肌肉收缩的支配功能，还可以提高肌肉内代谢物质的储备量，使肌肉力量得到提高。

提高柔韧性素质

柔韧性是指人体各关节的活动幅度，即关节的肌肉、肌腱和韧带等软组织的伸展能力。柔韧性对于保证正常生活质量、维持正常体态、预防损伤发生和减轻损伤程度等方面均起到至关重要的作用。

系统的体育锻炼，还可以延缓因年龄因素而导致的柔韧性下降，预防因缺乏运动而导致的关节结构、周围软组织和膝关节肌肉退化，从而使锻炼者的日常生活、劳动和运动等更加充满活力。

改善身体成分

身体成分是指人体体重中的脂肪组织和去脂组织的重量百分比。身体成分中的脂肪成分增加，肌肉成分必然下降。身体中不具备收缩功能的脂肪组织增加，必然导致身体进行各种活动的能力下降，基础代谢水平降低，肥胖症、冠心病、高血压、糖尿病、高血脂等慢性疾病发病率的提高。因此，身体成分是保证人体健康的重要内容之一。

通过系统的体育锻炼，随着锻炼者体质的增强，热量消耗便随之增加，进而燃烧掉体内多余的脂肪，使身体成分得到改善。而身体成分的改善，又可以减少体重对关节可能带来的不利影响，还可以使肥胖者的心理状况得到改善，增强其自信心，使其逐步建立起健康的生活方式。

心理价值

研究证明，有规律的体育锻炼不但可以使锻炼者增强体质、促进身体健康、预防一些慢性疾病，还可以提高锻炼者的生活满意度和生活质量，对其心理健康产生积极影响。

体育锻炼的心理健康效应主要表现在六个方面：

改善情绪状态

短期效应

研究发现，体育锻炼对人的情绪状态具有显著的短期效应。运动后人们的焦虑、抑郁、紧张和心理紊乱等症状会明显减轻，而精力和愉快程度则会明显增强。而且这种情绪的迅速变化，与锻炼者个体的健康状况、活动形式和活动强度等有着直接的联系。

长期效应

体育锻炼对人情绪的长期效应有着直接的影响，与不锻炼者相比，有规律的锻炼者在较长时期内很少会产生焦虑、抑郁、紧张和心理紊乱等情绪。

完善个性行为特征　见表 2-2-1

人们的行为特征一般可以分为两种类型，用 A 型行为特征和 B 型行为特征来表示。A 型行为特征主要表现为性情急躁、争强好胜、容易激动、整天忙碌和做事效率高等。B 型行为特征主要表现为不好竞争、不易紧张、不赶时间、对人随和、喜欢自由自在等。具有 A 型行为特征的人由于过度紧张的情绪反应，会引起内分泌失调，增加心脏病发病的概率。目前的一些研究主要集中在体育锻炼对改变 A 型行为特征的作用方面。研究结果表明，有规律的体育锻炼能明显改变 A 型行为特征。

　A、B 型个性行为特征常见表现

A 型行为特征者常见表现	B 型行为特征者常见表现
约会从来不迟到	对约会很随便
竞争意识很强	竞争意识不强
别人要讲话时总爱抢先或插话	是别人讲话时很好的听众
总是匆匆忙忙	即使有压力也从不匆忙
等待时缺乏耐心	能够耐心等待
干事时全力以赴	处事漫不经心
同时想干很多事	在一段时间里只干一件事情
讲话喜欢用加强语气，甚至敲桌子	讲话语速缓慢、不慌不忙
做了好事希望能得到别人的认可	只要自己满意即可，不管别人怎样想
吃饭、走路都很快	做事情很慢
不善与人相处	为人随和
容易暴露自己的感情	能控制自己的感情
具有广泛的兴趣	没什么业余爱好
雄心壮志	满足于目前的工作和学习状况

 确立良好自我概念

自我概念是指个体对自己身体、思想和情感的主观整体评价，它由许多自我认识组成，包括我是什么人、我主张什么和我喜欢什么等。

坚持体育锻炼，可以使锻炼者体格强健、精力充沛、提高驾驭身体的能力，从而改善对自身的满意程度，确立良好的自我概念。

改变睡眠模式

根据脑电图的显示，人的睡眠可以分为两种状态，即慢波睡眠状态和快波睡眠状态。前者为浅度睡眠状态，后者为深度睡眠状态。一夜之间两种睡眠状态会交替发生4～5次。

有规律的体育锻炼不仅对慢波睡眠有促进作用，而且能缩短入眠的潜伏期，并延长睡眠的时间。

改善认知能力

体育锻炼还能改善人的认知过程，避免反应时间过长、注意力不集中和思维混乱等症状的发生，尤其对老年人的认知能力改善效果更为明显。

增加心理治疗效应

体育锻炼被公认为是一种心理治疗的好方法。目前人群中常见的心理疾患是抑郁症和焦虑症。研究发现，体育锻炼是治疗抑郁症的有效手段之一，抑郁症患者经过有规律的体育锻炼，抑郁症状能明显减轻。

体育锻炼还具有治疗焦虑症的作用，通过有规律的体育锻炼，可以使锻炼者的焦虑症状明显改善。

第三节 运动保护

在运动过程中，人体机能会随时发生变化。因此，应针对这种机能变化的特点来进行体育锻炼，也就是我们所说的运动保护。运动保护一般包括运动前准备、运动后放松和自我养护三个方面。

运动前准备

准备活动是指在正式运动之前进行的有目的的身体练习。做好充分的准备活动，可以缩短机体进入最佳状态的时间，同时还可以预防运动损伤的发生，为机体发挥最大的工作效率做好功能上的准备。

准备活动的作用

提高中枢神经系统兴奋状态

（1）使大脑反应速度加快，参加活动的运动中枢神经相互协调。

（2）为正式运动时生理机能达到适宜程度提前做好准备。

提高机体代谢水平

（1）准备活动可以使锻炼者体温升高，降低肌肉黏滞性，使肌肉的伸展性、柔韧性和弹性增强，从而有效预防运动损伤的发生。

（2）准备活动可以增强体内代谢酶的活性，使物质代谢水平提高，以保证运动时有较充分的能量供应。

克服内脏器官生理惰性

（1）准备活动可以提高心血管系统和呼吸系统的机能水平，使肺通气量及心血输出量增加。

（2）可以使心肌和骨骼肌的毛细血管扩张，使其工作肌获得更多的氧，从而克服内脏器官的生理惰性，使之尽快达到最佳状态。

增加皮肤毛细血管的血流量

准备活动可以使皮肤毛细血管的血流量增加，运动后毛细血管扩张，有利于散热，降低体温，有效防止开始正式活动时由于体温过高而影响运动能力。

准备活动要求

准备活动时间

（1）准备活动的时间可以根据运动项目的具体情况确定，一般以10～30分钟为宜。

（2）准备活动与正式运动的间隔时间，一般以不超过15分钟为宜，可以在做完准备活动后立刻进行正式运动。

准备活动强度

（1）准备活动的强度和量应较正式运动小，以免引起不必要的疲劳。

（2）准备活动的量可以由心率来决定，心率以100～120次/分为宜。

准备活动内容

一般性准备活动

一般性准备活动的内容多以伸展运动开始，然后进行一般性的跑步、徒手体操等活动。

下面介绍一套常用的一般性准备活动操，供锻炼者运动前使用。这套活动操主要包括头部运动、肩部运动、扩胸运动、体侧运动、体转运动、髋部运动和踢腿运动等。

头部运动

头部运动的动作方法（见图2-3-1）：两手叉腰，两脚左右开立，做头部向前、向后、向左、向右，以及绕环运动。

图2-3-1

肩部运动

肩部运动的动作方法(见图 2-3-2)：手扶肩部，屈臂向前、向后绕环，以及直臂绕环。

扩胸运动

扩胸运动的动作方法(见图 2-3-3)：屈臂向后振动及直臂向后振动。

体侧运动

体侧运动的动作方法(见图 2-3-4)：两脚左右开立，一手叉腰，另一臂上举，并随上体向对侧振动。

体转运动

体转运动的动作方法(见图 2-3-5)：两脚左右开立，两臂体前屈，身体向左、向右有节奏地扭转。

髋部运动

髋部运动的动作方法(见图 2-3-6)：两脚左右开立，两手叉腰，髋关节放松，向左、向右 360 度旋转。

图 2-3-2

图 2-3-3

踢腿运动

踢腿运动的动作方法（见图 2-3-7）：两臂上举后振，同时一腿向后半步，重心置于前腿，两臂下摆后振，同时向前上方踢腿。

图 2-3-4

图 2-3-5

图 2-3-6

图 2-3-7

专门性准备活动

专门性准备活动的动作方法、节奏和强度等与正式锻炼相似，目的是使人体主要肌群在运动前得到动员，为正式锻炼做好准备。

运动后放松

运动后放松是指运动之后所进行的一些能够加速机体功能恢复的、较轻松的身体活动。与运动前准备活动相反，其目的是使锻炼者的生理机能水平逐步得到恢复。

放松方法

运动性手段

（1）运动结束后，锻炼者可采用变换运动部位的方法来消除疲劳，如上肢出现疲劳时可做一些慢跑运动，下肢出现疲劳时可做一些上肢运动。

（2）转换运动类型也是一种不错的放松方法，如打羽毛球出现疲劳时，可从事瑜伽运动来达到放松的目的。

（3）还可以用调整运动强度的方法来缓解疲劳，如可以在放松过程中，采用小强度的轻微运动方法等。

整理活动　见图 2-3-8

（1）整理活动是指运动后所做的一些能够加速机体功能恢复的身体活动，如剧烈运动后进行 3~5 分钟慢跑或其他整理活动，使身体机能得以恢复。

（2）剧烈运动后如不做整理活动而骤然停止动作，会影响氧气的补充和静脉血的回流，使机体血压降低，引起不良反应。

图 2-3-8

注意事项

（1）在进行整理活动时动作应缓慢、放松，运动量不要过大，否则会引起新的疲劳。

（2）在进行整理活动时，应当保持心情舒畅、精神愉快。

自我养护

锻炼后，锻炼者感觉身体疲劳是一种正常的生理现象，是体育锻炼过程中的正常反应，随着体育锻炼时间的延长，疲劳症状会自然消失。运动性疲劳出现后，锻炼者如果采用一些自我养护措施，可以加速身体机能的恢复，尽快消除疲劳，提高锻炼效果。常见的自我养护方法主要包括运动后休息、合理营养和物理手段等三种。

运动后休息

 见图 2-3-9

（1）静止性休息是指锻炼者运动后保持机体相对的静止状态，以促进身体机能的恢复，尽快消除疲劳。

（2）静止性休息的最佳方式之一是睡眠，特别是刚开始从事锻炼者，身体不适应或疲劳症状明显时，更应该保证足够的睡眠，否则，锻炼者虽然积极参加了体育锻炼，但收效甚微，甚至会导致过度疲劳症状的发生。

（3）静止性休息更适合于消除全身运动导致的整体疲劳症状。

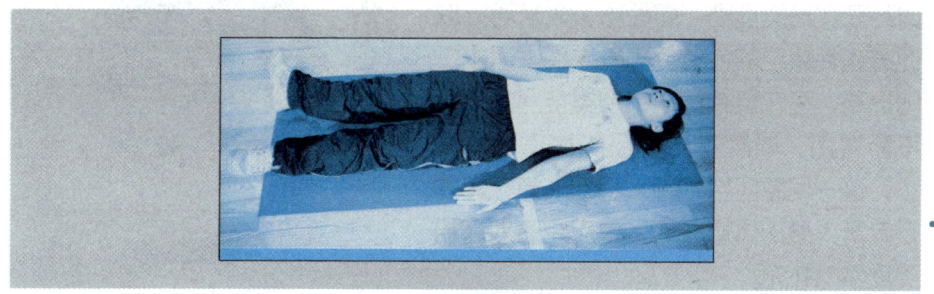

图 2-3-9

积极性休息　见图 2-3-10

（1）积极性休息更适合由于少量肌肉群参与工作而导致的局部疲劳，或运动强度较大而导致的快速疲劳。

（2）积极性休息可以加速血液循环，有利于代谢物排出体外，对促进身体机能的恢复具有明显的效果。

图 2-3-10

合理营养 见图2-3-11

小强度、长时间的运动形式，主要是靠糖原的有氧代谢提供能量。运动后应及时补充淀粉类食物，如面粉、大米等，以促进消耗糖原的合成。随着人民生活水平的提高，在饮食结构中，肉类食品的比重不断增加，而淀粉类食品的比重逐渐减少，这一现象应当引起人们的注意，特别是老年人参加体育锻炼，更应注意对淀粉类食物的补充。

图2-3-11

强度较大、时间又相对较长的运动形式，主要是靠糖原的无氧代谢提供能量。这样，糖原无氧代谢产物——乳酸便会在体内大量堆积。因此，运动后应多补充蔬菜、水果等碱性食品，以加速乳酸的清除，达到尽快消除疲劳的目的。

物理手段

按摩及牵拉 见图2-3-12

（1）通过刺激神经末梢、皮肤结缔组织和毛细血管的按摩方法，可以使紧张的肌肉得以放松，从而改善局部组织和全身的血液循环，达到促进身体机能恢复的目的，这种方法可以在锻炼后马上进行。

（2）此外，还可以采取缓慢牵拉肌肉的方法，使收缩的肌肉得到充分的伸展放松。

水疗及电疗

（1）水疗包括芬兰式蒸汽浴、热水浴和桑拿浴等多种形式，主要作用是通过提高体温，促进血液循环，清除代谢物，以达到尽快消除疲劳、恢复体力的目的。

（2）水疗的时间一般以不超过30分钟为宜，如果时间过长，会进一步消耗体力，严重时甚至会出现暂时性脑缺血现象。

（3）如果条件允许，还可对疲劳的肌肉进行低频治疗。低频治疗仪的原理是模拟针灸疗法，使用时将电极用不干胶对称地粘贴在运动部位表皮上。这种疗法可以促进局部血液循环，改善组织代谢，缓解肌肉酸痛，消除疲劳。

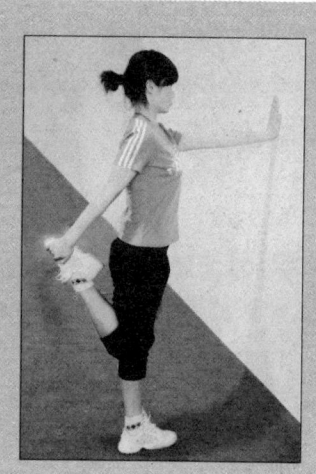

图 2-3-12

第三章 基本技术

蛙泳是身体俯卧在水中，两肩与水面平行，依靠两臂对称向后划水，两腿向后对称蹬夹水而向前游进的泳姿。整个动作与青蛙游泳十分相似，所以取名为蛙泳。蛙泳的基本技术包括熟悉水性练习、腿部技术、手臂技术、身体姿势、呼吸技术、完整配合技术、出发技术、转身技术和结束动作等。

第一节 熟悉水性练习

熟悉水性练习是学习游泳的必经阶段，应在齐腰或齐胸深的水中进行，目的是让初学者体会和了解水的特性，逐渐适应水中的环境，消除怕水心理，培养对水的兴趣，掌握游泳中的一些最基本的动作，为以后学习和掌握各种游泳技术打下良好的基础。熟悉水性练习包括水中行走与跳跃、水中游戏、呼吸练习、水中漂浮、滑行漂浮和常见问题及解决方法等。

水中行走与跳跃

水中行走与跳跃是熟悉水性的第一个练习，其动作简单，容易掌握。目的是体会水对身体的压力、浮力和阻力，初步掌握身体在水中维持平衡的方法，消除怕水的心理。

水中行走

动作方法 见图3-1-1

（1）站在水中，手扶池边向前、向后、向两侧行走；

（2）离开池壁用手拨水，向前、向后、向两侧慢步行走。

技术要点

（1）腿向后蹬和向前抬时都要用力；

（2）身体略前倾，重心落在两脚之间，两手在体侧划水维持平衡。

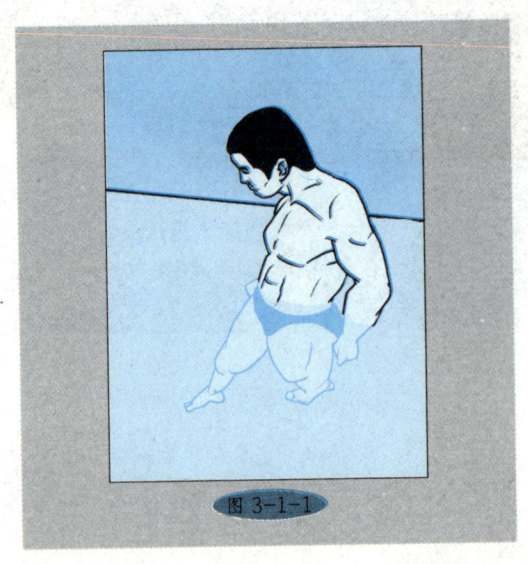

图3-1-1

错误纠正

（1）不敢下水。因此，应鼓励自己，克服怕水心理，可在同伴的陪同下从齐腰深的水中逐渐走到齐肩深的水中。

（2）不敢向前迈腿。因此，可在同伴的帮助下，手牵手练习，开始行走时速度要慢些，脚站稳后再迈步。

（3）水中行走不稳。因此，应用两手划水维持平衡，身体略前倾，重心落在两脚间。

水中跳跃

动作方法 见图 3-1-2

（1）手扶池边向上跳；

（2）在水中向各方向跑动和跳跃。

技术要点

身体向前移动时，腿向后蹬和向前抬时都要用力。

错误纠正

掌握不好平衡，导致跌倒。因此，身体应略前倾，重心落在两脚之间，两手在体侧维持平衡。

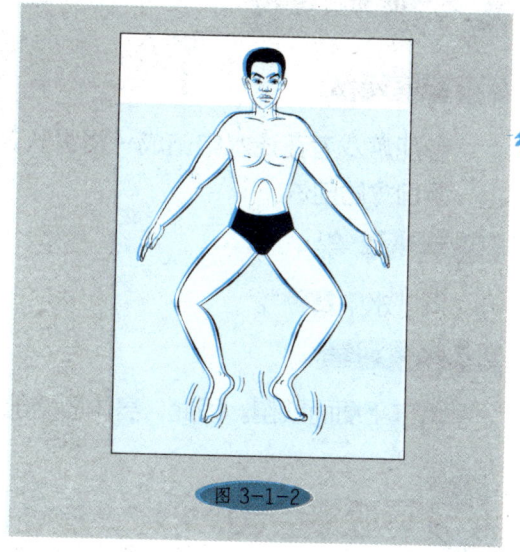

图 3-1-2

水中游戏

掌握水中行走与跳跃的方法后，可进行一些简单的水中游戏，这样可以在游戏的过程中更好地熟悉水性。

水中赛跑

动作方法

参加游戏者在浅水中站成一横排,听到"开始"口令后,奋力向前跑,看谁跑得快,或将参与者分组后接力比赛。

技术要点

向前跑时,腿向后蹬和向前抬时都要用力。

错误纠正

同"水中跳跃"。

"火车"赛跑

动作方法

参加游戏者在浅水中站成一路纵队,后者双手或单手扶在前面人的肩上,听口令后前进。

技术要点

同"水中赛跑"。

错误纠正

失去平衡而跌倒。因此,身体应略前倾,重心落在两脚之间。

游泳时的呼吸与陆上呼吸有所不同,在陆地上我们是用鼻子吸气,而游泳时是用口吸气,然后把头浸入水中用口、鼻慢慢呼气。熟练掌握呼吸方法,是学习游泳的关键一步。

动作方法 见图3-1-3

(1)站在陆地上用口吸气,闭气,用口鼻慢呼气,将一只手置于口鼻前,用手体会呼气是否均匀有力;

（2）站在陆地上用手扶墙壁，直立时用口吸气，闭气下蹲，慢慢呼气，反复练习。

 技术要点

用口吸气，用口、鼻慢慢呼气。

 错误纠正

用鼻吸气。因此，练习时可用手捏鼻，强迫用口吸气。

水中练习

动作方法 见图3-1-4

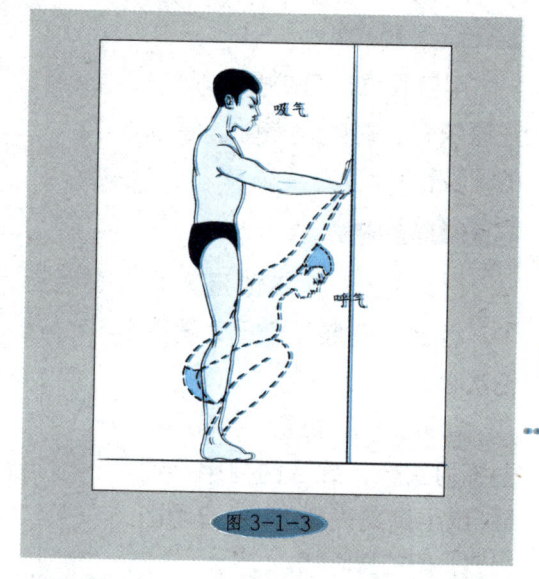

图3-1-3

（1）略张嘴，用口吸气后，双手捧水往脸上泼，或几人相互泼水，泼水结束后才可抹脸，目的是使初学者习惯于脸上有水，进一步消除怕水心理；

（2）手扶池边或同伴，用口吸气后闭气，慢慢将头浸入水中，停留5～15秒，口鼻出水后，先呼气，头出水面，再用口吸气，反复练习；

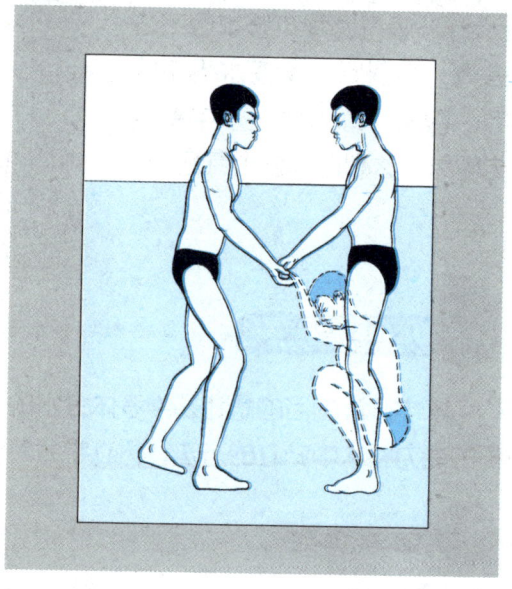

（3）手扶池边或同伴，用口吸气后下蹲，头浸入水略闭气后，用口或鼻开始缓慢、均匀地呼气，睁开眼睛看呼出来的气泡，气泡要多而均匀，呼气快要结束时站起，口将露出水面时呼气量加大，将气呼尽，头出水后张口吸气；

（4）呼吸次数逐渐增加，连续做20～30次，吸气要快而深，呼气要慢而均匀，并逐渐加大呼吸量。

技术要点

用口吸气，口鼻慢慢呼气，注意快吸、略闭、慢呼、猛吐的呼吸节奏。

错误纠正

（1）怕水，脸不敢浸入水中。因此，要鼓励自己，消除怕水心理。

（2）呛水。因此，应增加陆上练习次数，练习时可用手捏鼻（或用鼻夹夹鼻），强迫用口吸气，用口鼻呼气。

（3）吸气时间不够或吸不进去气，主要原因是在水下不呼气。因此，练习时在水中要用力呼气，达到连续冒出气泡。

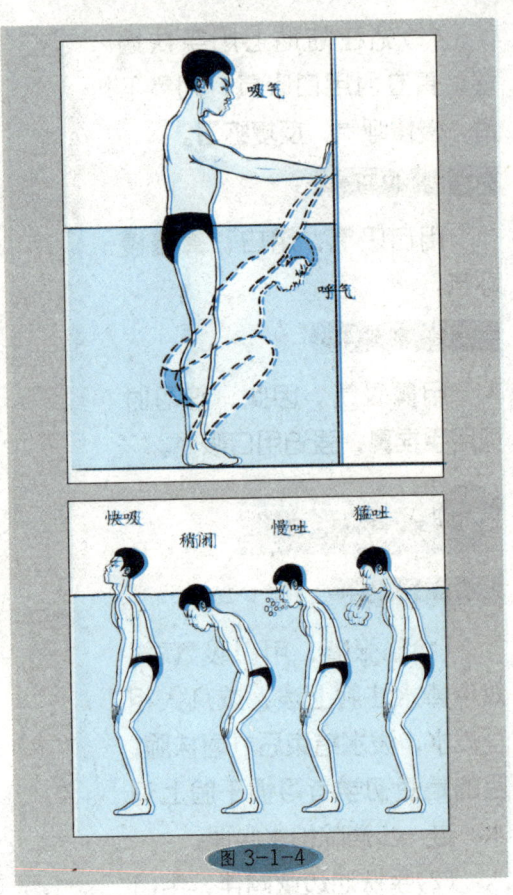

图 3-1-4

水中漂浮的目的是让初学者体会水的浮力，初步学会控制身体在水中平衡的能力和水中站立的方法，树立学会游泳的信心。

 团身漂浮

动作方法 见图 3-1-5

（1）站立在齐腰或齐胸深的水中，深吸气后下蹲抱膝，前脚掌蹬离池底，身体自然漂浮于水面；

（2）站立时，两臂前伸，向下划水并抬头，同时两腿向下伸直，脚接触池底后站立，两臂自然放于体侧。

❋ **技术要点**

低头，膝部尽量靠近胸部，身体放松。

❋ **错误纠正**

身体过于紧张，背部不能浮于水面。因此，应反复练习用口深吸气和闭气动作，团身漂浮时要低头，身体放松。

图 3-1-5

展体漂浮

漂浮

❋ **动作方法**　见图 3-1-6

（1）两脚开立，两臂放松，向前伸出，深吸气后身体前倾，低头，两脚轻轻蹬离池底，身体呈俯卧姿势漂浮水面；

（2）两臂、两腿要自然伸直，或团身漂浮后展体，浮于水面。

❋ **技术要点**

低头，两臂、两腿自然伸直，全身放松，身体充分展开。

❋ **错误纠正**

身体过于紧张，浮不起来。因此，应反复练习用口深吸气和闭气动作，漂浮时应低头，两臂两腿自然伸直，全身适度放松。

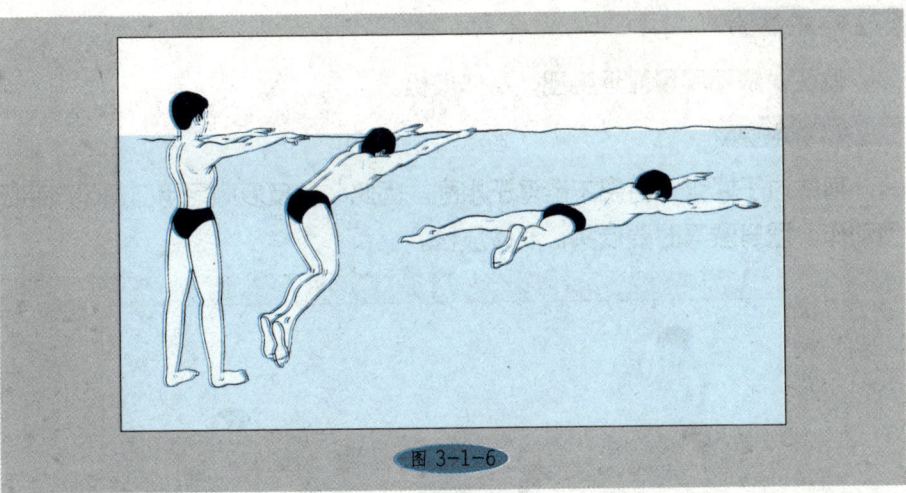

图 3-1-6

站立

动作方法　见图 3-1-7

两臂向下划水并抬头，屈膝，两腿下伸，两脚接触池底站立。

技术要点

收腹、屈膝、收腿，两臂向下划并抬头，两腿向下伸。

错误纠正

站立时向前倒。因此，练习时两臂应向前伸，向下划水，同时抬头，两脚向下伸直，全脚掌触池底站立，站立后两手可在体前、体侧划水，以帮助身体站稳。

图 3-1-7

# 滑行漂浮

滑行漂浮是各种泳姿的基础，是整个熟悉水性过程的重点。目的是进一步体会水的浮力，掌握水中的漂浮和身体滑行姿势。

 蹬池底滑行

动作方法　见图3-1-8

（1）两脚前后开立，两臂前伸，两手并拢，深吸气后屈膝，上体前倾；
（2）当头和肩浸入水中时，前脚掌用力蹬池底，随后两脚并拢，使身体呈俯卧流线型向前滑行。

技术要点

（1）蹬池底时要用力；
（2）滑行时低头，将头夹于两臂之间。

错误纠正

滑行时身体下沉。因此，应保持腰腹肌肉适当紧张。

图3-1-8

蹬池壁滑行练习

动作方法 见图3-1-9

(1)背对池壁,一手拉池壁沿,一手前伸,同时一脚站立,一脚贴池壁;

(2)深吸气,低头,上体在水中呈前倾或俯卧姿势,支撑腿向上收起,两脚掌贴住池壁,臀部尽量靠近池壁;

(3)两手前伸并拢,两脚蹬池壁,使身体向前滑行。

技术要点

(1)两脚蹬壁要用力,蹬离池壁后,身体要充分伸展;

(2)低头,头夹于两臂之间,腰腹肌肉适当紧张,保持身体呈流线型滑行。

错误纠正

蹬壁无力。因此,脚蹬池壁的位置应尽量接近水面,两手前伸并拢后,脚用力蹬壁。

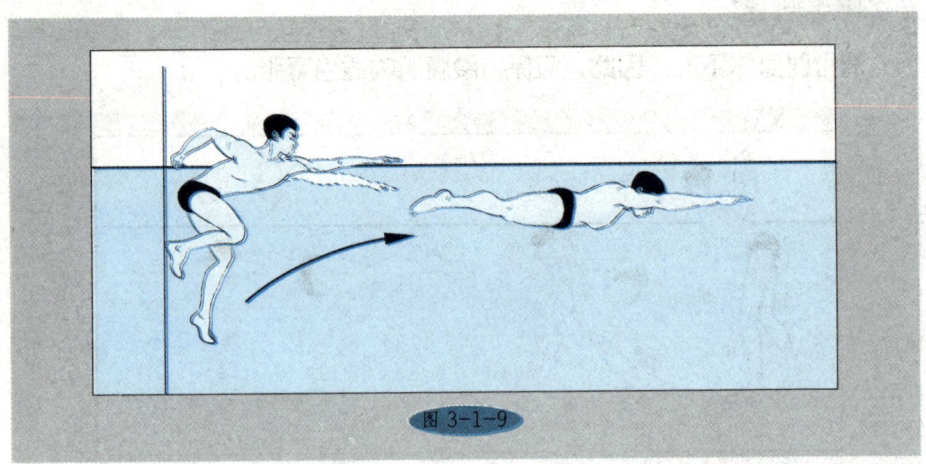

图3-1-9

常见问题及解决方法

抽筋

产生原因

准备活动不够,心理紧张,水太凉或呆在水中时间过长都可能引起抽筋。

预防及解决方法

(1)下水前必须做热身运动,用冷水淋浴或用冷水拍打身体及四肢,使身体对低温有所适应,游泳持续时间一般不应超过1.5~2小时;

(2)若发生抽筋,一般可以采用拉长痉挛肌肉的办法,当痉挛的肌肉被外力牵拉伸长到一定程度后,抽筋一般即可缓解;

(3)手指、手掌抽筋,可先用力握拳,再用力张开,迅速反复几次后一般即可缓解;

(4)上臂抽筋,将手握成拳头并尽量屈肘,然后再用力伸开,如此反复进行,一般即可缓解;

(5)小腿或脚趾抽筋,用抽筋腿对侧的手握住抽筋腿的脚趾,用力向上拉,同时用同侧的手掌压在抽筋小腿的膝盖上,帮助小腿伸直,一般即可缓解;

(6)大腿抽筋,弯曲抽筋的大腿与身体呈直角,并弯曲膝关节,然后用两手抱住小腿,用力使它贴在大腿上,并做震荡动作,随即向前伸直,如此反复进行,一般即可缓解。

踝关节扭伤

产生原因

游蛙泳打腿时,有时会因准备活动不充分或踝关节过度紧张、疲劳而引起踝关节扭伤。

预防及解决方法

（1）下水前应做充分的准备活动，正确掌握腿部动作方法；
（2）如果踝关节严重损伤，需咨询专业运动创伤医生。

肩部损伤

产生原因

肩部负荷过重，内容单调，有时动作频率过快或用力过猛也会导致肩关节损伤。

预防及解决方法

下水前应做充分的准备活动，避免内容单调、肩部负荷过重的训练，训练后要充分放松。

鼻炎

产生原因

鼻炎常因呛水或吸气时鼻内入水引起，可出现鼻塞、鼻痛、鼻流黏涕或头痛等症状。

预防及解决方法

水进鼻后，不可用手捏紧两鼻孔使劲擤，而应指压单侧鼻孔逐一轻轻擤，或内吸后自口中吐出。如症状严重，应及时去医院检查。

咽喉炎（恶心呕吐）

产生原因

咽喉炎多在呛水或吞水后诱发，除咽喉不适或疼痛外，常伴有咳嗽。一些人会感觉泳池中水不干净，喝了脏水，有恶心呕吐的反应。

预防及解决方法

（1）症状轻者可用含片，重者需加用抗生素治疗，咳嗽严重时应及时去医院检查；

（2）恶心呕吐者可用手指按压中脘、内关穴，帮助缓解。

中耳炎（耳痛耳鸣）

产生原因

多因池水进耳或屏气、呼吸气不均匀所致，以耳痛为主要表现。

预防及解决方法

（1）当池水入耳道后，切忌用手或其他物体去抠，可将头歪向耳朵进水的一侧，用力拉住耳垂，用同侧腿进行单足跳；

（2）也可用手心对准耳道，用手把耳朵堵严压紧，将头歪向耳朵进水的一侧，然后迅速将手拔开，水立即会被吸出；

（3）还可用消毒棉签将耳道内的水吸出；

（4）耳痛严重或伴有发热等症状，应及时去医院检查治疗。

头昏脑涨

产生原因

游泳时间过长，机体能量消耗较大，身体过度疲劳。

预防及解决方法

游泳时间不宜过长。如果出现头昏脑涨，应立即上岸休息，全身保温，并适当喝些淡糖水或盐水。

眼睛痒痛

产生原因

可能是池水不洁净引起。

预防及解决方法

（1）上岸后应马上用清洁的淡盐水冲洗眼睛，然后用氯霉素或红霉素眼药水点眼；

(2)游泳时戴游泳镜，可以预防眼部疾病。

腹部胀痛

产生原因

刚吃过饭或空腹游泳会产生腹痛腹胀。

预防及解决方法

应上岸仰卧，并用热毛巾敷腹部。如因空腹引起胀痛，休息片刻后可适当补充些食物。

急性皮炎

产生原因

室外游泳和室内不同，在室外游泳都面临同一个问题就是日晒，长时间的暴晒会引起急性皮炎。

预防及解决方法

(1)应避开太阳最猛烈的中午12点至下午16点，傍晚是游泳的合适时机；

(2)在室外游泳前不宜多吃芹菜、田螺、韭菜等一些感光食物，否则经紫外线照射容易在皮肤上形成斑点。

第二节 腿部技术

练习蛙泳时，腿部技术是维持身体平衡，保证合理游进的主要手段。

腿部技术

蛙泳腿部技术的动作构成包括收腿、翻脚、蹬夹水和滑行。

 收腿

动作方法 见图 3-2-1

(1)开始收腿时,大腿带动小腿,边收边分;

(2)在收腿过程中,小腿和脚应始终跟在大腿的后面;

(3)收腿结束时,大腿与躯干之间的夹角约为 130 度,两膝盖之间的距离大约与肩膀同宽,整个收腿过程就像压缩弹簧一样,为强有力的蹬水做好准备。

技术要点

(1)两脚放松,使脚跟尽量靠近臀部,这样可以使蹬水的路线加长;

(2)整个收腿的速度要先慢后快,这样可以减少收腿时的阻力。

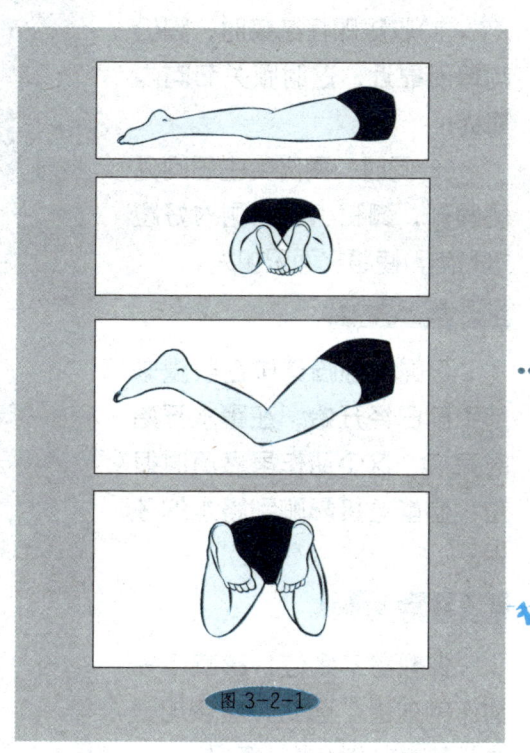

图 3-2-1

错误纠正

收腿结束时,大腿与躯干之间的夹角角度过大或者过小。因此,应通过不断地练习进行动作纠正和加强。

伤害预防

在这个技术动作中大腿容易抽筋。应在训练前进行充分的准备活动。

 翻脚

在蛙泳腿部动作中,翻脚是收腿和蹬水之间的连接动作。

❋ **动作方法** 见图 3-2-2

（1）收腿即将结束时，脚仍向臀部靠近，这时膝关节向内靠拢；

（2）同时，两脚尖由后向外侧翻开，脚和小腿内侧对好蹬水方向，使蹬水面积加大。

❋ **技术要点**

正确的翻脚动作在收腿未结束前已经开始，在蹬水开始时完成，这个动作虽然历时很短，但能直接影响到蹬水的效果。

❋ **错误纠正**

脚翻得不到位，影响下一动作的效果。因此，应该加强踝关节的力量和柔韧练习。

❋ **伤害预防**

在这个技术动作中脚掌侧翻容易抽筋。应该注意保暖和在练习前充分地进行热身活动。

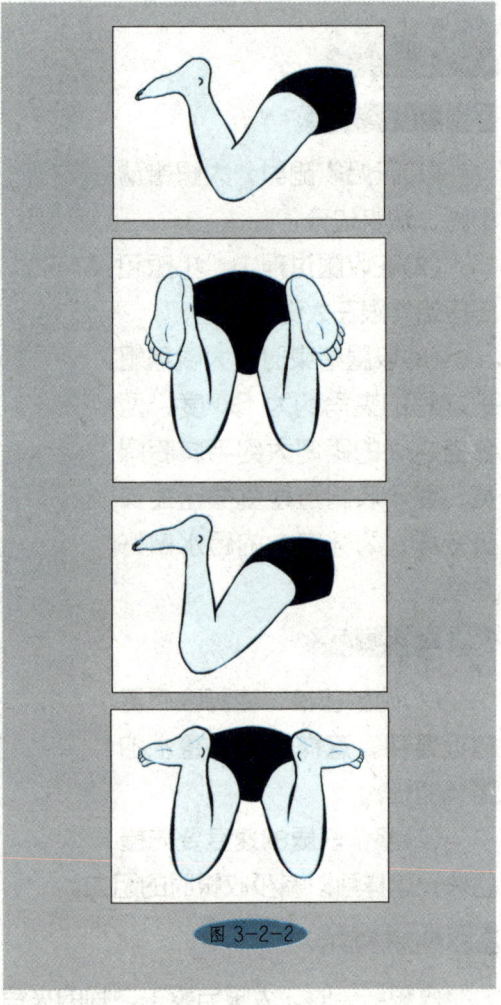

图 3-2-2

 **蹬夹水**

蹬夹水是蛙泳游进过程中获得推进力的主要手段之一。

❋ **动作方法** 见图 3-2-3

（1）翻脚动作结束后，不停顿地向后方夹水，直到两脚并拢；

（2）蹬水开始时注意伸髋，使大腿与躯干的夹角变小，这样既可减小阻力，又能保持小腿和脚的最佳蹬水截面；

(3)蹬夹水时,腰、腹部和大腿要同时发力,两脚向外、向后、向内边蹬边夹水;

(4)在蹬夹的后程,两膝盖将要伸直靠拢时,两脚的踝关节积极内旋,伸踝关节伴有下压的动作;

(5)蹬水完成时,双脚自然伸直。

技术要点

(1)蹬夹动作主要通过伸髋和伸膝完成;

(2)伸踝时伴有下压动作,可使身体升起,有利于向前滑行;

(3)身体在滑行时保持较好的流线型,减小阻力,提高滑行速度。

错误纠正

(1)当翻脚动作结束后,向后路夹水时双脚没有并拢。因此,应注意动作方法。

(2)在蹬夹的后程,两膝盖没有伸直靠拢。因此,应注意腰腹部和大腿同时发力。

(3)当蹬水完成时,双脚没有伸直。因此,应注意脚部配合蹬水的动作。

伤害预防

最容易受到伤害的是腿部肌肉,应做好准备活动。

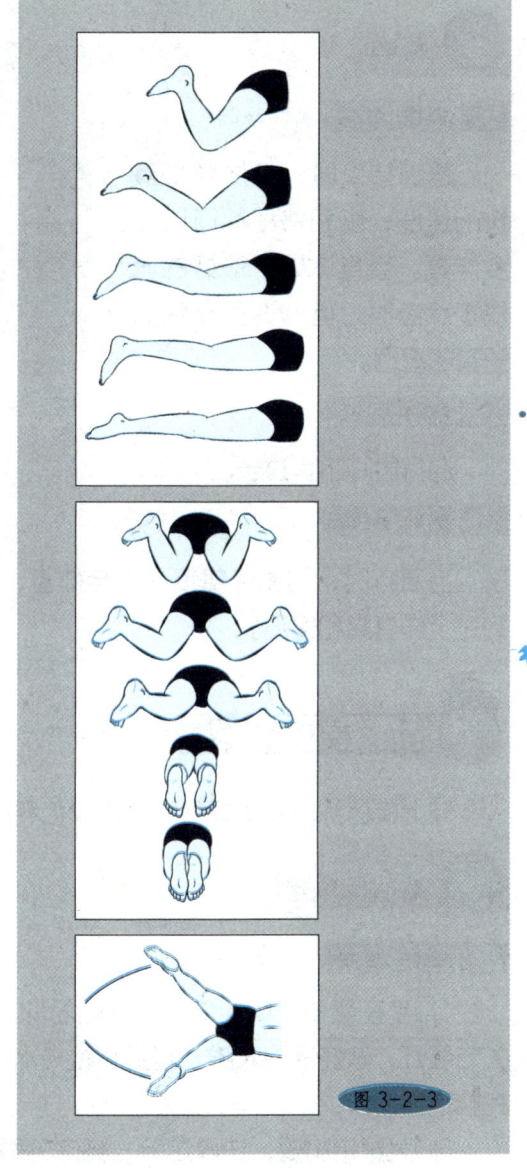

图 3-2-3

滑行

动作方法 见图3-2-4

蹬脚结束时，身体获得最快的速度，脚和臀部都可以完全伸直。当身体处于最好的流线型状态时，借助速度惯性做短暂的滑行。

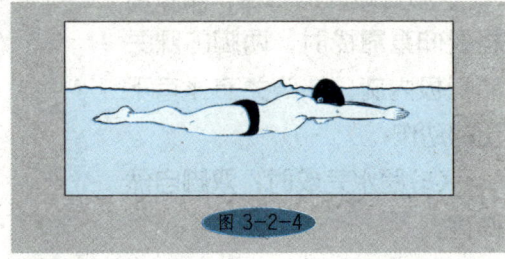

图3-2-4

技术要点

滑行时间不宜过长。

错误纠正

当滑行时，脚和臀部没有完全伸直，不利于速度的保持。因此，应注意完全伸直脚和臀部。

陆上模仿练习注意要包括坐撑模仿和俯卧模仿。

坐撑模仿

动作方法 见图3-2-5

（1）坐在凳子上或池边，上体略后仰，两手体后撑，两腿伸直并拢，髋关节展开，做蛙泳的收腿、翻脚和蹬夹水动作，先按口令分解练习再过渡到完整连贯动作；

（2）大腿带小腿，边收边分，脚向外翻，蹬水面时对准水，膝盖略内压，蹬夹时向后弧形蹬夹，停时两脚并拢伸直放松，停留片刻。

技术要点

初学者先用眼睛看腿部动作是否正确，体会翻脚时的肌肉感觉，动作基本正确后再闭眼，边想动作边做模仿。

错误纠正

大腿带动小腿边收边分时，脚没有向外翻。因此，注意动作方法。

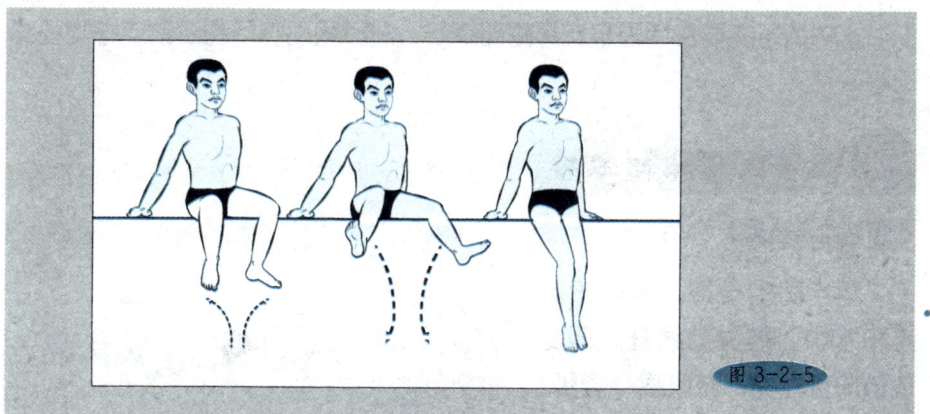

图 3-2-5

俯卧模仿

动作方法　见图 3-2-6

俯卧在凳子上，做收腿、翻脚、蹬夹和停止的动作，先分解做，再连贯起来做完整动作，要求边想边做，也可由同伴帮助。

技术要点

体会翻脚和蹬夹的路线及动作节奏。

错误纠正

此练习容易使边收边分时的膝盖动作不到位。因此，应尽量使其到位。

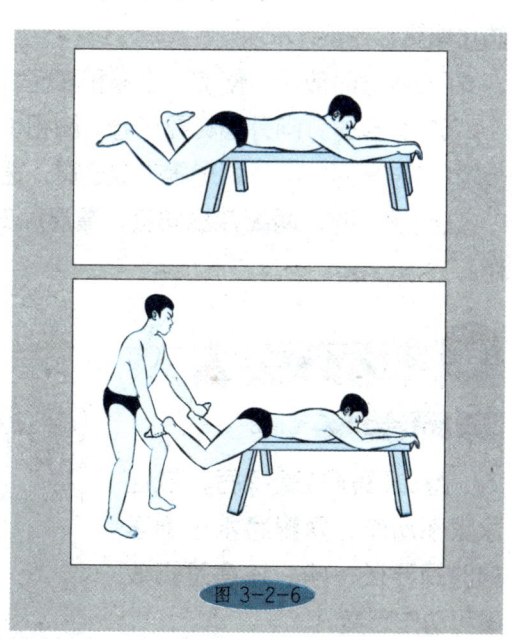

图 3-2-6

水中练习主要包括固定支撑腿部练习、滑行腿部练习和游动支撑腿部练习等。

固定支撑腿部练习

 动作方法 见图3-2-7

用手固定支撑,身体平卧浮于水中,髋关节展开,两腿放松伸直并拢,做收腿、翻脚、蹬夹和停止的动作,先分解再连贯起来做。

图3-2-7

技术要点

(1)肩膀应浸入水中,腰腹部肌肉略紧张,臀靠近水面,挺腹、臀下沉,防止塌腰;

(2)收腿时放松、慢放,小腿和脚在大腿投影之内;

(3)翻脚时,向外翻脚要充分,脚和小腿内侧对准水,脚心朝天;

(4)蹬夹时,向后弧形蹬夹要连贯,速度相对要快;

(5)停止时,两脚并拢伸直,漂浮片刻,两脚上浮后再做下一个收腿动作。

滑行腿部练习

 动作方法 见图3-2-8

蹬边(蹬底)滑行后,做蛙泳腿部动作,两腿蹬水后漂浮的时间要长一些。注意蹬脚效果和动作节奏。

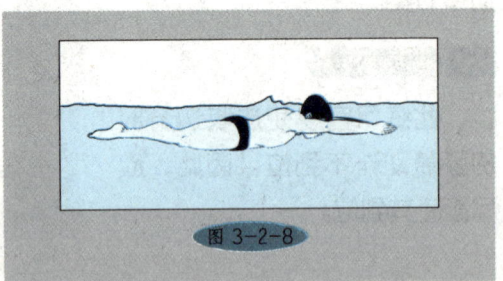

图3-2-8

技术要点

注意蹬脚效果和动作节奏。

错误纠正

加速度太小游进速度慢。因此,应注意两腿蹬水后漂浮时间要长一些。

游动支撑腿部练习

动作方法　见图 3-2-9

两臂伸直,面部浸在水中,做蛙泳蹬腿动作,慢慢适应后可以加上呼吸动作。

图 3-2-9

技术要点

两臂要伸直并且要放松。

错误纠正

身体僵硬,影响呼吸和游进。因此,应注意放松两臂。

第三节 手臂技术

练习蛙泳时，手臂在整个游进过程中所产生的推进力，与腿部一样起着重要的作用。臂的力量虽然没有腿的力量强，但却比腿的活动灵活，在整个划水过程中，能以较大的力对水面作用于较长的距离，取得较好的划水效果。

在手臂的动作周期中，各个阶段是紧密衔接的，整个划臂动作是加速进行的，移动路线像一个椭圆形（见图3-3-1）。手臂技术的动作构成包括外划、内划和前伸等。

图3-3-1

外划

动作方法 见图3-3-2

（1）两臂从前伸开始，向身体外侧下方划出；

（2）臂内旋并屈肘，直至两手之间的距离达到最宽，外划实际上是向外划水和下划抱水动作的紧密结合；

(3)在下划阶段,手和小臂几乎垂直于划水方向,获得较大的划水面,有较大的动作速度,能够产生较大的推进力,向外运动,产生向前的推进力。

技术要点

(1)向外划水动作的速度较小,而且前臂划动方向向外,手的运动方向几乎是横向的;

(2)在下划过程中,小臂和大臂的屈角不断变化;

(3)在划水的主要阶段,小臂和大臂的屈角约为90度。

错误纠正

在划水的主要阶段,小臂和大臂的屈角过大或过小,向外划水产生的推进力不大。因此,应通过不断地练习使动作定型。

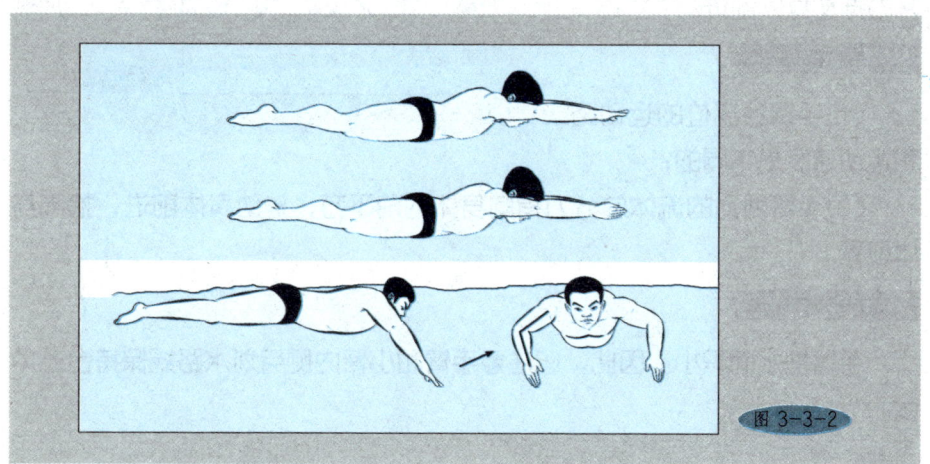

图 3-3-2

内划是指手臂由外向内、向后做横向划水,并在胸口前做收夹并拢的动作过程,它是产生推进力的主要动作。

动作方法 见图 3-3-3

（1）屈臂向胸部前下方收夹，使胸部、背部和肩带肌群处于最有利的用力部位，产生较高的划水加速度，肘关节向内、向后、向下压水直至胸腹下方，手则是由外向内、向后、向上做弧线运动直至颌下，手的动作快于肘；

（2）手臂推水面积大，当手掌和小臂内侧面与划水路线保持合适的角度时，获得较大的升力推动身体前进。

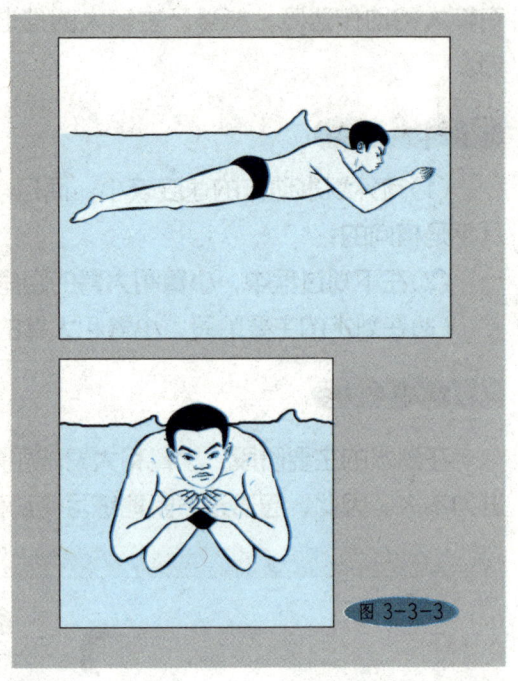

图 3-3-3

技术要点

（1）手臂各部位的运动路线和运动速度是不同的；

（2）手臂划动的流体总分力指向身体的前下方，推动身体前进，抬高身体位置。

错误纠正

手臂推水面积小。因此，应注意手臂和小臂内侧与划水路线保持合适角度。

前伸是紧接着内划的连贯动作，从夹肘至体下时开始。

动作方法 见图 3-3-4

伸手的同时快速低头没入水中，此时蹬腿结束，手脚完全伸直，身体最好呈流线型高速向前滑进。

(1)前伸的运动方向与身体前进方向一致,应尽量减少臂的挡水面,即两手并排合掌靠近水面或从水上快速弧形前伸;

(2)手伸得越快,腿蹬得就越有力量。

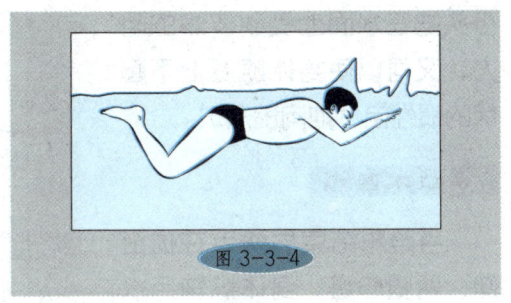

图 3-3-4

错误纠正

前伸的方向与身体前进方向不一致。因此,应该尽量减少臂的挡水面,并且要反复练习加强此动作。

第四节 身体姿势

根据腿部动作,蛙泳的一个动作周期分为收腿、翻脚、蹬夹水和滑行4个紧密相连的动作阶段。在这四个阶段中,身体姿势随着臂、腿动作不断地变化着,而不是固定在一个位置上。

动作方法 见图 3-4-1

(1)当蹬腿结束后,两手并拢前伸,两腿伸直,身体呈较好的流线型滑行姿势,此时身体水平俯卧于水面,头略微抬起,身体纵轴与水平面约呈5~10度角,身体保持一定的紧张度;

(2)划水和抬头吸气时,下颌露出水面,肩部上升,开始收腿,此时身体与水面的夹角增大,约为15度;

(3)吸气后,头部随着手的前伸和肩部的下降没入水中,这样既可以减

少头露在水面上受到波浪的阻力，又可以使身体随着上下起伏的惯性自然地向前滑进。

技术要点

当蹬腿结束后两手并拢前伸，两腿伸直，身体纵轴与水平面约呈 5～10 度角，身体保持一定的紧张度。

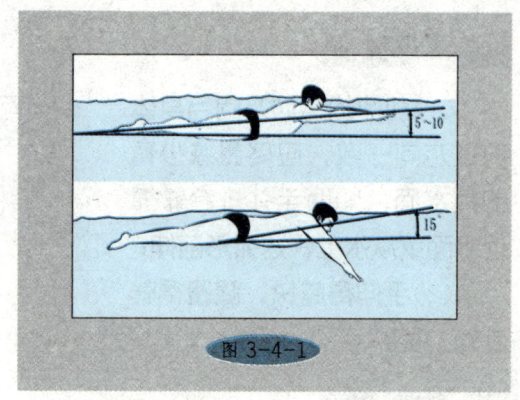

图 3-4-1

错误纠正

吸气后，头没有没入水中。因此，应注意学习动作方法。

第五节 呼吸技术

呼吸技术是学习蛙泳的难点，学习者必须将习惯的鼻式呼吸改为口式呼吸，这样才能适应水中环境的需要。蛙泳的呼吸技术包括早呼吸和晚呼吸等。

早呼吸的吸气时间长，简单易学，适用于游泳初学者。

动作方法　见图 3-5-1

当两臂外划时，借助水对手掌的支撑反作用力，将头抬起，嘴露出水面，进行吸气。

技术要点

在注意手臂的同时还要用腿和躯干控制身体姿势。

错误纠正

对初学者来说,如果控制不好此动作,容易呛水从而造成危险。因此,应控制好身体在水中的平衡。

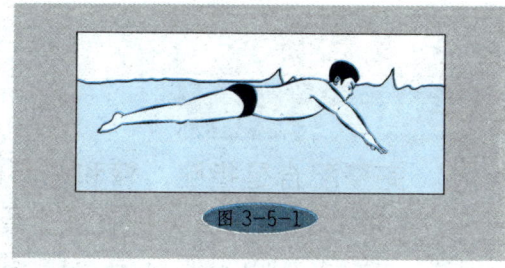

图 3-5-1

晚呼吸

晚呼吸的吸气时间短,滑进速度快,技术难度较大。

动作方法 见图 3-5-2

当两臂内划收手时,要求内划力量大、速度快,将上体"拉"起来使头和肩露出水面,进行吸气。

技术要点

充分利用身体的力量使头部与肩部露出水面。

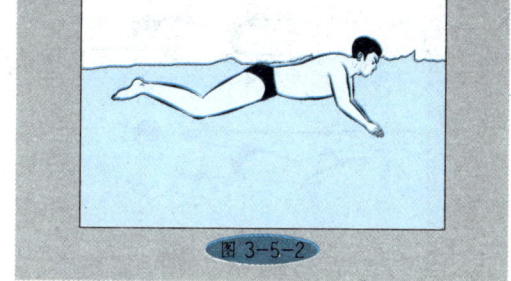

图 3-5-2

错误纠正

此技术非常容易使身体姿势不稳定,导致在露出水面的时候身体处于一种错误的姿势。因此,应该注意身体各个部位配合协调。

第六节 完整配合技术

完整配合是指腿、臂和呼吸的配合。蛙泳一般都采用1∶1∶1的配合方式，即在一个周期动作中腿蹬1次，臂划1次，呼吸1次（见图3-6-1）。完整配合可分解为腿与臂的配合和臂与呼吸的配合。

图 3-6-1

腿与臂的配合

蛙泳的腿部技术比较复杂，臂的移动全部在水中进行，所以腿、臂的配合难度较大。腿、臂的配合程度对游进的速度影响很大。腿与臂的正确配合，能使臂划水与腿蹬水的有效部分紧密衔接、配合协调，从而保证速度的发挥和动作的流畅。

动作方法　见图 3-6-2

（1）手臂划水时，腿保持放松和伸直姿势；

（2）手臂内划时，自然屈膝；

（3）开始移臂时，收腿，在手将要伸直时完成收腿和翻脚动作；

（4）随即进行快速蹬夹水动作。

技术要点

要注意身体动作的协调，腿与臂的配合要通过不断地进行各个关节的配合来锻炼。

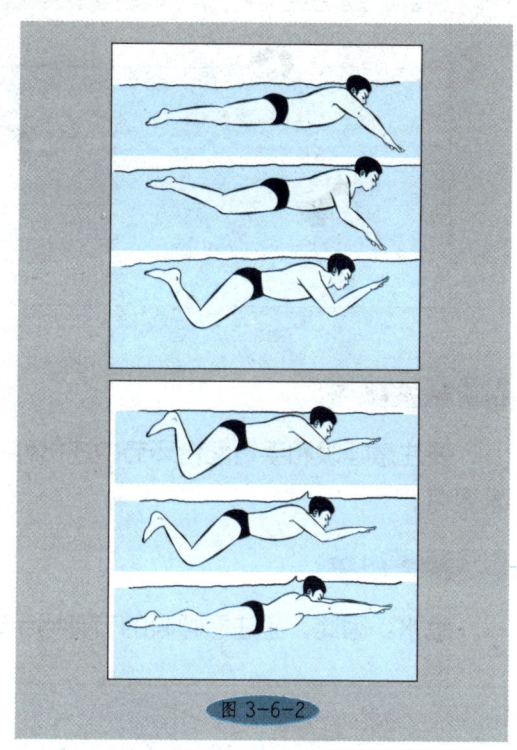

图 3-6-2

错误纠正

（1）手臂划水时，腿部紧张，没有完全伸直。因此，应注意腿部动作。

（2）在配合过程中没有稳定的节奏。因此，应保持节奏稳定。

 臂与呼吸的配合

动作方法　见图 3-6-3

（1）手臂划水完成，两手在下颌相撞时，把头抬出水面用嘴吸气；

（2）吸气后，手臂前伸时，头没入水中；

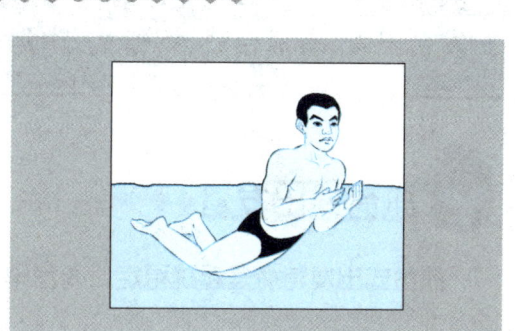

(3)手臂开始划水时,慢慢用鼻子呼气。

图 3-6-3

技术要点

要注意呼吸和手臂配合环节的连贯性,以及臂部和呼吸技术的幅度和技术要点。

错误纠正

呛水。因此,应注意呼吸的节奏与手臂节奏相符合。

第七节 出发技术

游泳比赛的开始称为出发,好的出发技术能够形成一种领先的优势。初学出发动作时一定要在较深(最好有 2 米以上)的水域中进行,以防止出现头撞池底的伤害事故。蛙泳采用出发台出发,有抓台式、摆臂式、蹲踞式和洞式入水等出发方式。

抓台式出发

抓台式出发特点是起跳稳定,离台早,入水快。

预备姿势

动作方法 见图 3-7-1

(1) 站在出发台上,两脚间距与髋相同,脚趾扣住跳台;

(2) 上体前屈,胸部紧贴大腿,两膝略屈,两手抓出发台下沿或侧沿,两眼看下方,两臂伸直略放松,注意力集中在出发信号上。

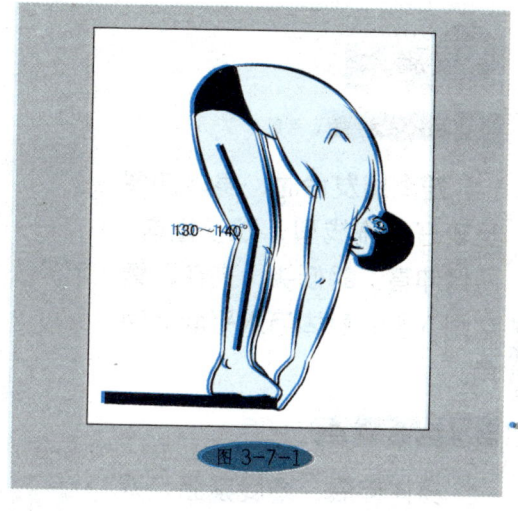

图 3-7-1

技术要点

脚趾扣住跳台,两膝屈成 130~140 度,重心略前倾。

错误纠正

膝部弯曲过大,影响起跳速度。因此,两膝应呈 130~140 度。

起跳

动作方法 见图 3-7-2

(1) 出发信号响起后,两臂迅速屈肘上拉,使身体向前倒,有即将落入水中的感觉;

(2) 当重心移至与支撑点呈 45 度角时,伸髋伸膝,双臂前摆,迅速用力蹬离出发台。

技术要点

伸髋伸膝,双臂前摆,蹬台用力,起跳要快。

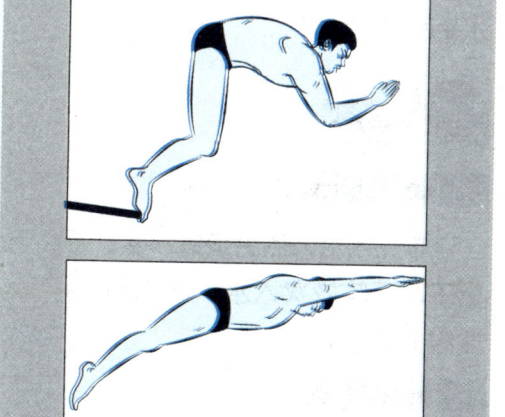

图 3-7-2

错误纠正

蹬台无力。因此,应鼓励自己,增加信心,克服恐惧心理。

腾空

动作方法 见图 3-7-3

蹬离出发台时，身体伸展呈较好的流线型，双手重叠，两臂伸直，略低头，夹在两臂之间入水，身体与水平面呈锐角。

技术要点

身体伸展、适度紧张，双腿并拢，低头，含胸，略收腹。

错误纠正

起跳角度过大或过小，腾空阶段抬头、挺腹，容易使身体平拍在水面上。因此，起跳后应低头、含胸，腰背肌保持紧张，使身体与水平面呈锐角。

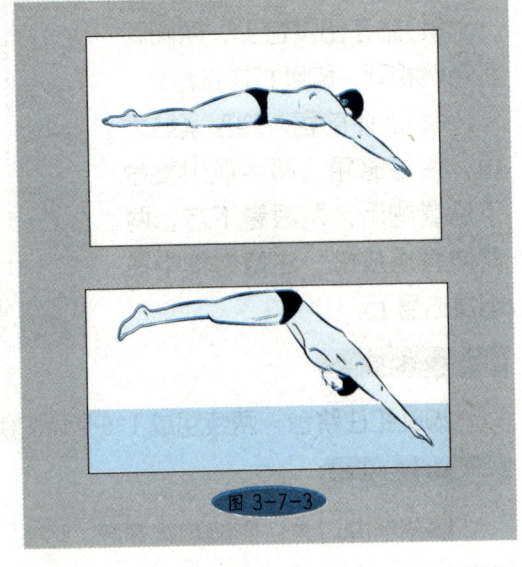

图 3-7-3

入水

动作方法 见图 3-7-4

手先入水，然后是臂、头、躯干、下肢依次入水，入水角度约10度。

技术要点

身体适度紧张，上臂伸直，保持较好的流线型。

图 3-7-4

错误纠正

（1）小腿放松，屈膝入水。因此，起跳后应注意两腿伸直并拢，保持紧张。

(2)脚先入水或入水时水拍打肚子。因此,应改变起跳蹬地的用力方向,后蹬而不是后刨,入水前眼睛看脚。

(3)入水时身体没有伸直,害怕被拍打。因此,应排除顾虑,反复进行练习,体会空中展体的感觉。

滑行与起游

动作方法 见图3-7-5

(1)入水后,挺背,身体向前伸,保持适度紧张,利用惯性以流线型姿势向前滑行;

(2)感到滑行速度下降时,立即划水并收腿,升到水面游泳。

技术要点

身体适度紧张,保持较好的流线型。

错误纠正

入水后身体扎得过深,影响起游。因此,入水后应挺背,身体向前伸。

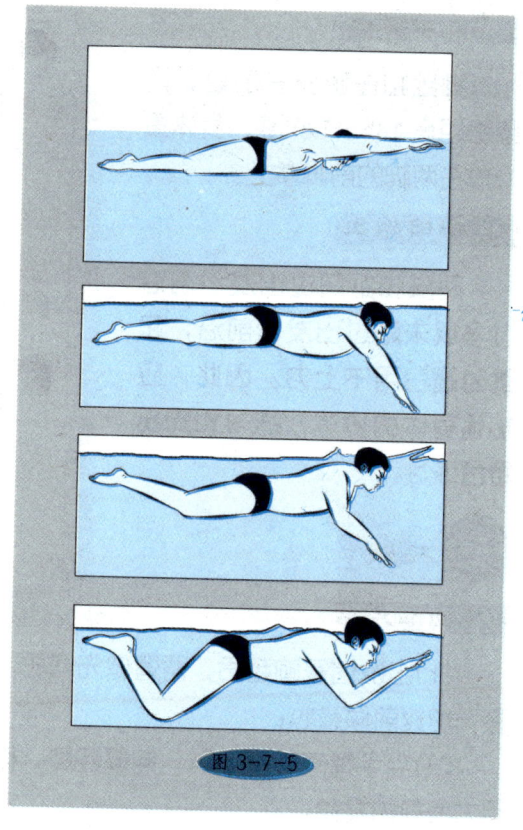

图3-7-5

摆臂式出发

这是一种基本的出发姿势,在有无出发台的条件下都能进行,有助跑时也可运用,特点是起跳角度略大,入水点较远,实用性很强。

预备姿势

动作方法 见图 3-7-6

两脚开立，与肩同宽，身体前倾，两膝略屈，两臂自然下垂，掌心向后，眼睛向下看，注意力集中在出发信号上。

技术要点

脚趾扣住出发台前沿，两膝略屈呈 165～170 度，身体重心放在两脚的前脚掌上。

错误纠正

两脚脚趾超过出发台前沿过多或未超过出发台前沿，起跳时蹬台用不上力。因此，应加强身体的协调性练习和脚部蹬台练习。

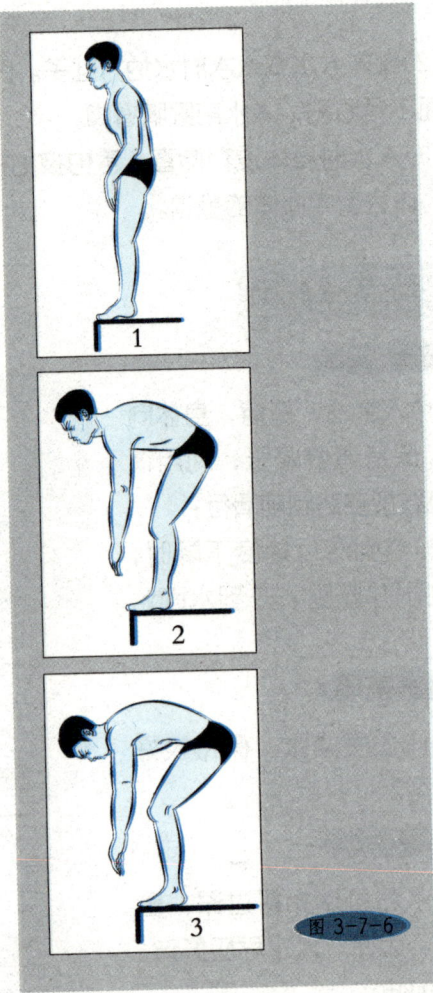

图 3-7-6

起跳

动作方法 见图 3-7-7

（1）出发信号响起后，两臂做先向后、再向前的弧形摆动，两腿加大屈膝，加速前倾重心；

（2）当手臂向前摆动时，伸髋伸膝，借助于手臂向前摆动的惯性，双脚用力蹬离出发台。

技术要点

手臂带动身体，起跳用力，速度要快，起跳角度约呈 25～30 度。

错误纠正

不敢蹬跳台，直接掉入水中。因此，应鼓励自己增强信心。

图 3-7-7

腾空

 见图 3-7-8

腾空后整个身体沿着抛物线的轨迹移动，腾空到最高点时，头略低，夹于两臂之间，上体和重心略向下移动，腿、脚向上移动到比头高的位置。

技术要点

身体伸展、适度紧张，双腿并拢，低头，含胸，略收腹。

错误纠正

同"抓台式出发"。

入水

 见图 3-7-9

入水按臂、头、躯干、腿的顺序，身体纵轴与水面约呈 15～20 度。

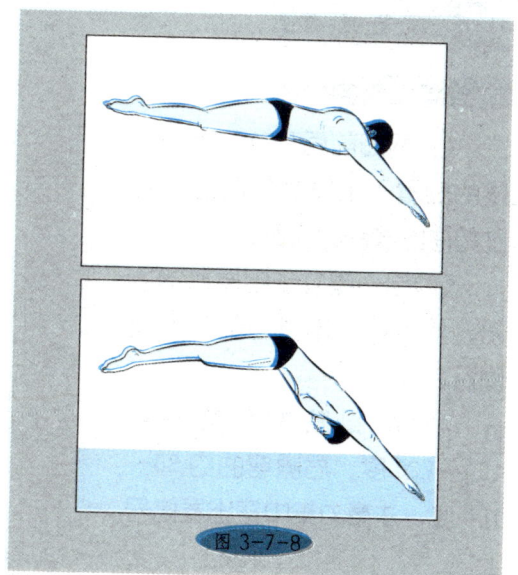

图 3-7-8

技术要点

身体适度紧张，上臂伸直，保持较好的流线型。

错误纠正

同"抓台式出发"。

图 3-7-9

滑行和起游

同"抓台式出发"。

蹲踞式出发

这是从田径的短跑起跑衍生的出发形式，它适合单腿力量较大者使用。

预备姿势

动作方法 见图 3-7-10

（1）两脚前后开立，用有力腿的脚置于出发台的前沿，脚趾扣住出发台的前沿；

（2）另一腿立于出发台的后部，双手抓住出发台的前沿或侧沿；

（3）前腿膝关节弯曲约100~120度，后腿弯曲约80~100度，注意力集中在出发信号上。

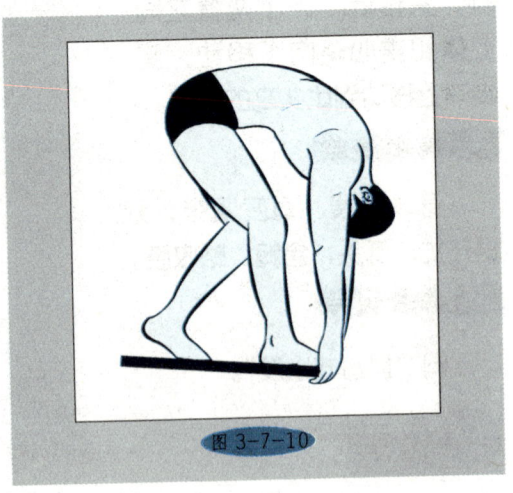

图 3-7-10

技术要点

身体重心放在后脚上，身体略往后倾。

错误纠正

两膝弯曲过大，影响起跳速度。因此，可多做些陆地模仿练习逐渐纠正。

起跳

动作方法 见图 3-7-11

（1）出发信号响起后，两手迅速推台沿；

（2）后脚用力蹬台，两手从颌下往前伸，身体前倒，使重心越过支撑点；

（3）前脚用力蹬台，第二次加速向前冲。

技术要点

蹬台用力，起跳要快。

错误纠正

蹬台无力。因此，应鼓励自己，增加信心，克服恐惧心理，多做练习，熟练掌握重心移动，两脚依次用力蹬台起跳。

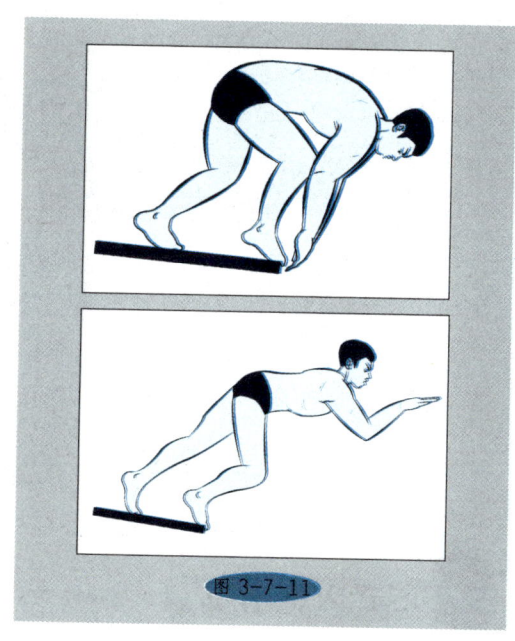

图 3-7-11

腾空、入水、滑行

动作方法 见图 3-7-12

基本与抓台式相同，但蹲踞式出发的腾空高度和腾空距离都小于抓台式，近似水平。

技术要点

同"抓台式出发"。

错误纠正

同"抓台式出发"。

基本技术

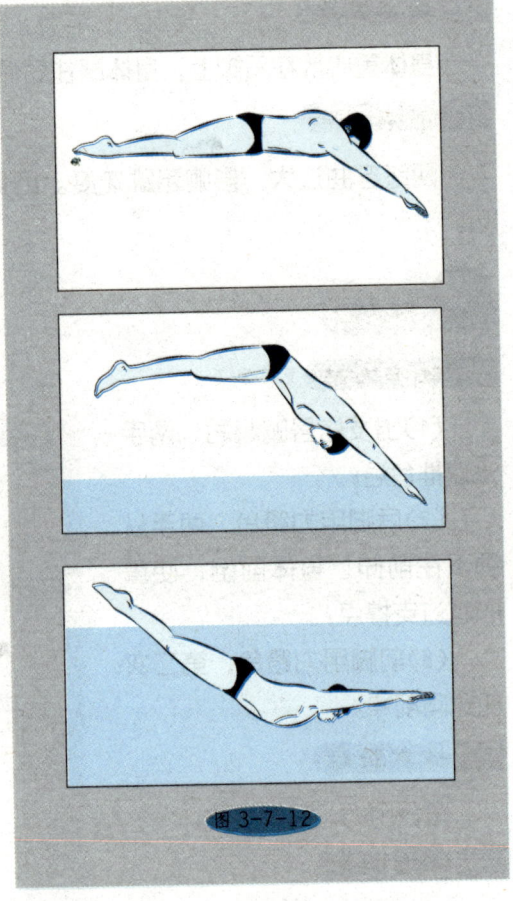

图 3-7-12

 **洞式入水出发**

洞式入水是 20 世纪 70 年代兴起的一种入水技术。特点是利用腾空高的优势，臂、头、躯干和腿几乎从一个洞中入水，入水快而远。

 预备姿势

动作方法

同"摆臂式出发"或"抓台式出发"。

技术要点

同"摆臂式出发"或"抓台式出发"。

错误纠正

同"摆臂式出发"或"抓台式出发"。

 起跳

动作方法

起跳时两臂前摆与身体接近 90 度即制动，起跳角度大。

技术要点

两臂前摆与身体接近 90 度即制动，蹬台用力，起跳要快。

错误纠正

同"摆臂式出发"或"抓台式出发"。

 腾空

动作方法 见图 3-7-13

腾空至最高点时，低头，提臀，再向上提腿，使身体展开。

技术要点

低头，提臀，再向上提腿。

错误纠正

同"抓台式出发"。

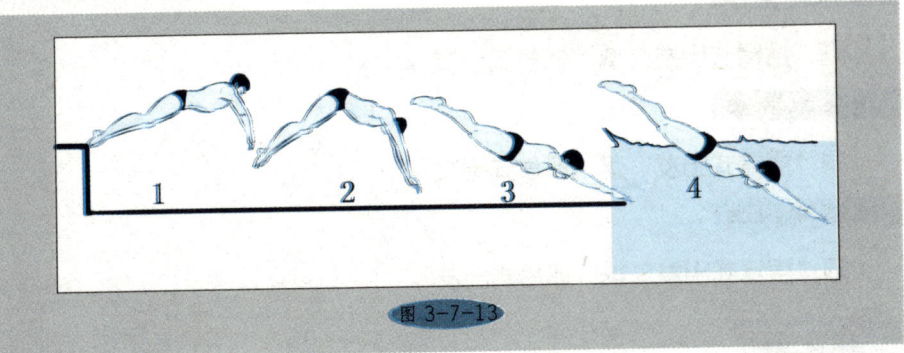

图 3-7-13

入水

动作方法

入水是臂、头、躯干和腿依次从一个较小的范围内入水，像钻进一个洞里。

技术要点

同"抓台式出发"。

错误纠正

同"抓台式出发"。

滑行和起游

动作方法

同"抓台式出发"。但因洞式入水一般较深，因此入水后向上抬手，向下压腿，帮助身体上浮。

技术要点

入水后向上抬手，向下压腿，帮助身体上浮。

错误纠正

同"抓台式出发"。

陆上练习出发技术,有利于初学者体会腾空过程中的身体姿势,为以后的水中练习打下基础。

动作方法　见图 3-7-14

(1)两脚自然开立,听到"各就位"时做出发模仿的预备姿势;

(2)听到出发信号后,向上跳起,略收腹,上臂上伸,夹住头,身体适度紧张。

图 3-7-14

技术要点

身体适度紧张,略收腹,双腿并拢夹紧。

错误纠正

起跳后两腿伸展开,身体松弛。因此,应保持身体适度紧张,双腿伸直并拢。

水中练习

通过循序渐进的水中练习，逐渐掌握起跳、腾空、入水、滑行等动作。

动作方法 见图 3-7-15

（1）坐在池边或蹲在池边（蹲在池边脚趾要抠住池边前沿），头夹于两臂之间，身体前倾，至重心快失去平衡时，脚蹬池边，使身体以臂、头、躯干、腿的顺序插入水中；

（2）站立池边半蹲，脚趾扣住池边前沿，头夹于两臂之间，上体前倾，快要失去平衡时，脚蹬池边，身体适度紧张，以臂、头、躯干、腿的顺序入水；

（3）站在出发台上，按完整出发技术练习。

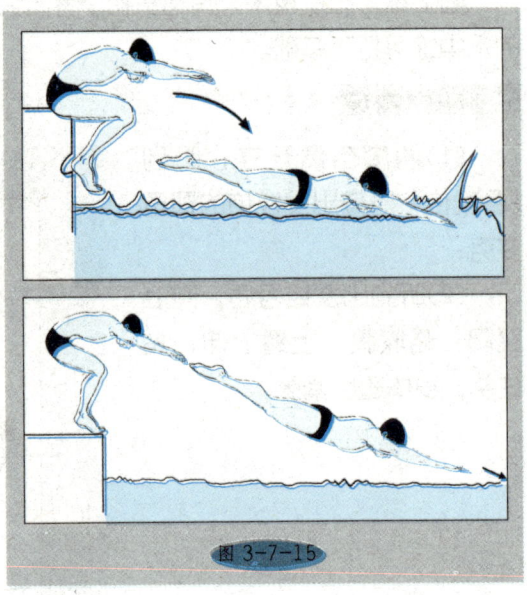

图 3-7-15

技术要点

起跳速度快，用力蹬台，动作伸展、连贯。

错误纠正

同"抓台式出发"。

第八节 转身技术

转身是长距离游泳的一部分，距离越长，转身就越多，转身技术对比赛成绩有着举足轻重的影响，在 25 米长的泳池中，转身次数更是成倍增加。转身技术包括平转身、摆动式转身等。

平转身是几种转身当中最慢的一种，也是最简单、最容易掌握的一种，适合初学者学习。

动作方法 见图 3-8-1

以左转身为例，随着最后一次蹬腿结束，两臂前伸，两手相距 15 厘米左右，手指朝左斜上方触壁。

技术要点

双手触壁，蹬夹水加速，保持游进速度。

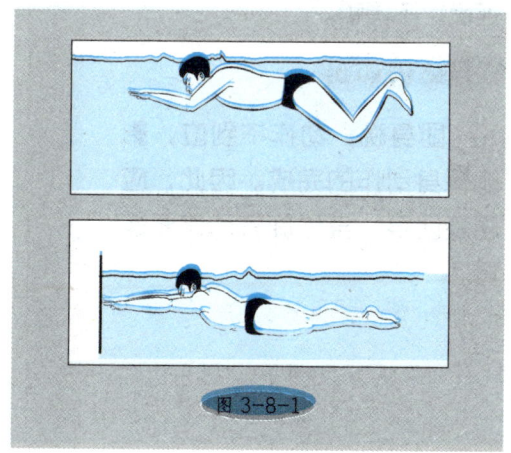

图 3-8-1

错误纠正

触壁前减速，不利于转身。因此，触壁前应用力蹬腿，手臂尽量前伸。

转身

动作方法 见图 3-8-2

（1）借助游进的惯性触壁后屈肘，抬头，身体从俯卧姿势向直立姿势转变，并逐渐屈膝团身，靠近池壁；

（2）手臂向左用力推池壁，同时身体绕纵轴旋转180度，继续屈膝使两脚掌接触池壁。

技术要点

屈膝团身，身体旋转动作连贯，不停顿。

错误纠正

团身晚，动作不到位，影响转身动作的完成。因此，应屈膝团身，身体旋转动作要连贯。

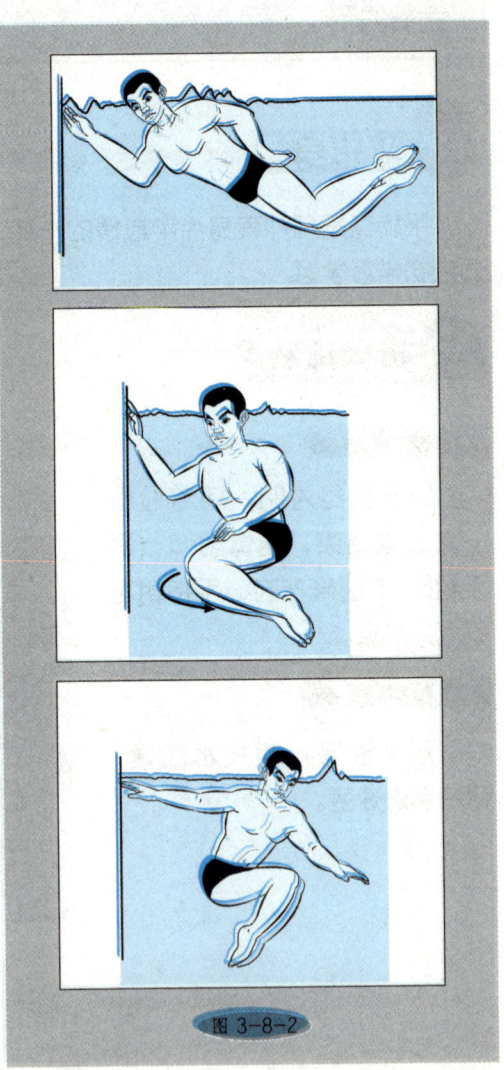

图 3-8-2

 蹬壁

动作方法 见图 3-8-3

双手前伸,将头夹于两臂间,浸入水中,两腿用力向后蹬池壁。

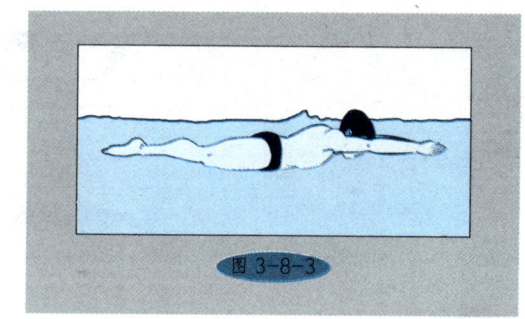

图 3-8-3

技术要点

用力蹬壁。

错误纠正

因单脚蹬壁,脚没贴好池壁或身体离池壁太远,造成脚蹬壁无力。因此,应同时收两腿,触壁前保持游速。

 滑行与起游

动作方法 见图 3-8-4

(1)蹬壁后,身体呈俯卧姿势以流线型向前滑行;

(2)当感觉速度下降时,双臂开始划水,同时收腿升至水面开始游泳。

技术要点

身体适度紧张,伸展,保持较好的流线型。

错误纠正

身体过于松弛,未保持较好的流线型,影响滑行速度。因此,身体应适度紧张,伸展,保持较好的流线型。

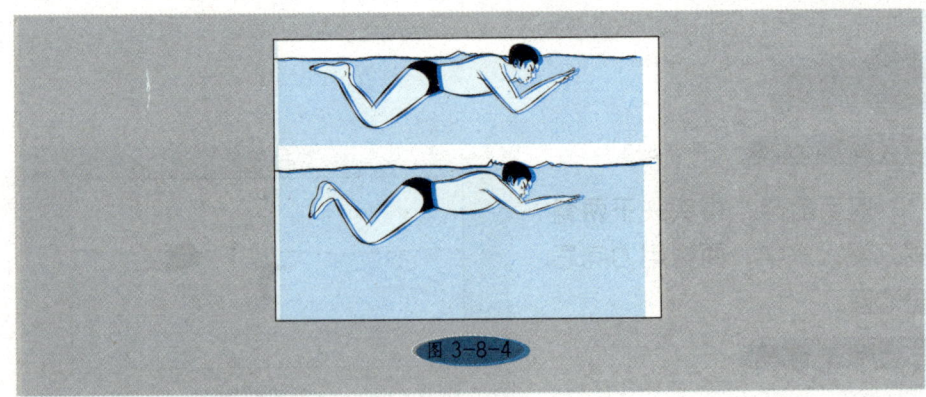

图 3-8-4

摆动式转身

摆动式转身的速度快于平转身,但慢于滚翻转身,动作较简单易学,常为初学者和水平较低的运动员使用。

游近池壁

动作方法 见图 3-8-5

以左转身为例,随着最后一次蹬腿结束,两臂前伸,在靠近水面或水面上触壁。

技术要点

双手触壁,蹬夹水加速,保持游进速度。

错误纠正

触壁前减速,不利于转身。因此,触壁前应用力蹬腿,手臂尽量前伸。

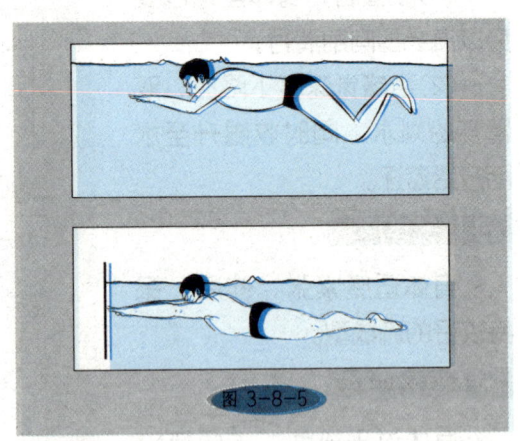

图 3-8-5

转身

动作方法 见图 3-8-6

(1) 借助惯性，右臂屈肘，身体向左转成侧卧姿势，同时团身屈膝，使头和肩露出水面，两腿向池壁靠近；

(2) 右臂用力推池壁，借其反作用力向左甩头，右臂经头上摆臂入水，同时左臂在水中由下向上拨水，帮助身体迅速沉入水中；

(3) 两脚一上一下地贴着池壁，身体呈侧卧的蹬壁姿势。

技术要点

动作连贯，经头上摆臂，速度要快。

错误纠正

转身过程中两肩都露出水面。因此，头部要尽可能地贴近水面，肩部只应有一侧露出水外，要保持这样的姿势进行转身。

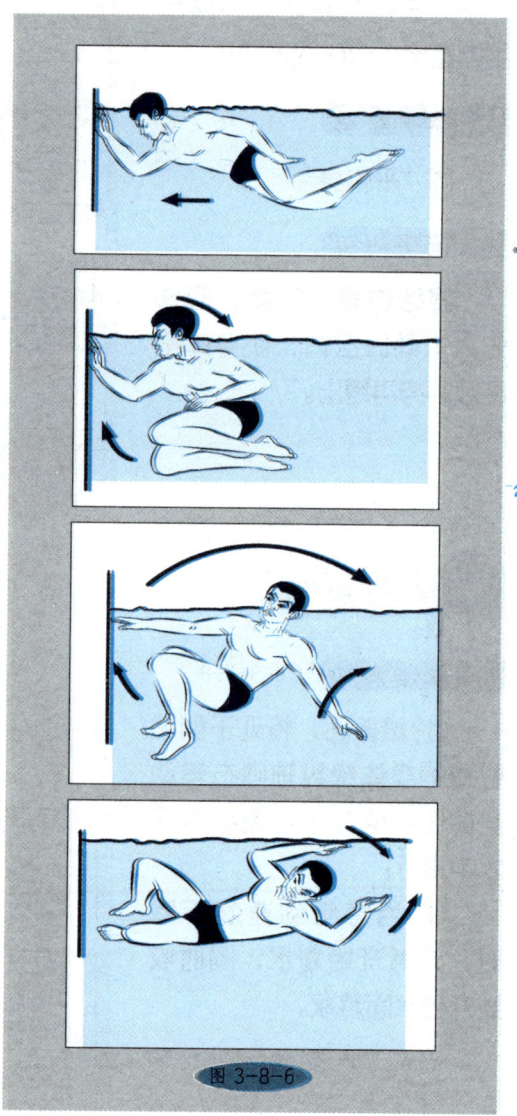

图 3-8-6

▼ 蹬壁

动作方法 见图 3-8-7

头夹在两臂之间,两脚用力蹬出,同时双臂伸直。

技术要点

同"平转身"。

错误纠正

蹬壁过早。因此,应头先入水同时摆臂,使身体呈侧卧姿势再蹬出。

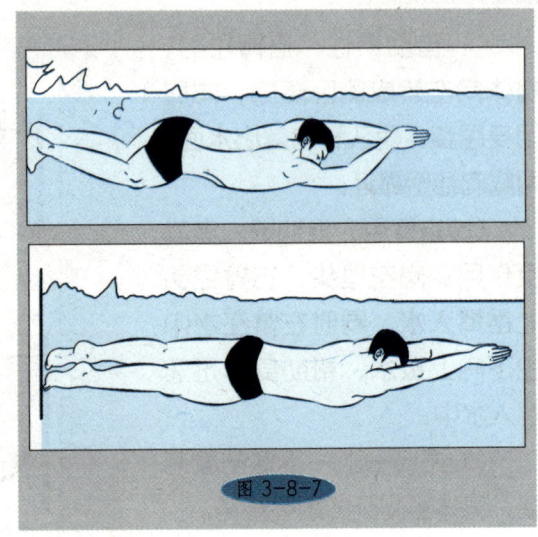

图 3-8-7

▼ 滑行与起游

动作方法 见图 3-8-8

(1)蹬壁后,将处于侧卧位置的身体绕纵轴向右转动呈俯卧姿势,保持流线型在水中滑行;

(2)当感觉到速度下降时,双臂开始划水,同时收腿升到水面游泳。

技术要点

双手触壁,蹬夹水加速,保持游进速度。

错误纠正

触壁前减速,不利于转身。因此,触壁前应用力蹬腿,手臂尽量前伸。

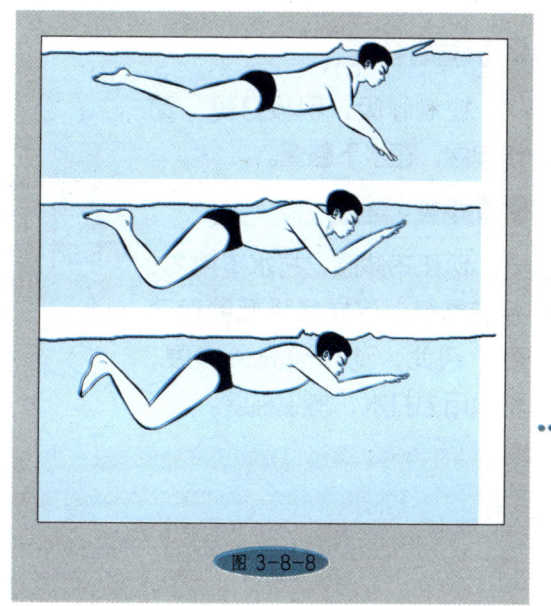

图 3-8-8

结束动作

第九节 结束动作

结束触壁动作对游泳选手特别是高水平选手的比赛成绩有着至关重要的影响。

动作方法　见图 3-9-1

（1）到终点触壁时,应该加快手臂的划水速度,手臂向前伸直,动作要充分伸展,增加手臂向前伸展的长度;

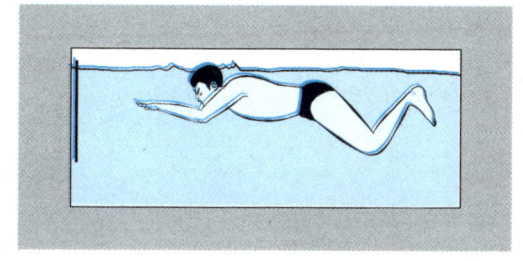

（2）蹬夹水连续且用力。将在终点触壁时必须使耳朵贴近肩膀,以保证在完成触壁动作的过程中头部一直在水中,触壁不用手掌而是用指尖。

077

技术要点

控制呼吸，积极打腿，动作伸展，在水下触壁。

错误纠正

动作不伸展，打水不用力，手掌触壁，这样会降低触壁速度。因此，动作应充分伸展，积极用力打水，指尖触壁。

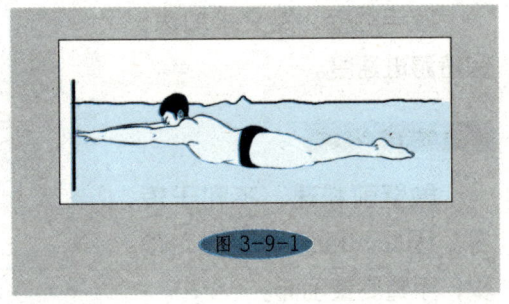

图 3-9-1

第四章 比赛规则

制定各项运动的比赛规则，有助于比赛参与者了解运动规则的基本知识，以使自己在比赛过程中游刃有余地发挥技术水平。比赛观赏者也只有在了解基本规则的前提下，才能够充分体验观赏比赛的乐趣。

第一节 比赛方法

参赛选手要按照一定的方法进行比赛,并须遵循一定的规则,以使比赛有序进行。

蛙泳比赛分为 50 米、100 米、200 米三个项目。

报名

(1)所有参赛选手必须在比赛规定期限内办理报名手续,并在报名单上注明过去 12 个月里的最好成绩,按照成绩优劣排列顺序;

(2)未按要求在报名单上注明过去一年里最好成绩者则视为成绩最差,排列在最后;

(3)成绩相同的选手或未注明成绩的选手超过 1 人时,其顺序通过抽签决定。

分组

(1)比赛只有一组时,该组比赛应为决赛;

(2)比赛有两组或三组时,成绩最好的选手编在最后一组,次好的编在倒数第二组,以此类推,把所有选手编排完毕。

泳道安排

(1)在设有 6 条或 8 条泳道(从出发端面向游泳池,第 1 泳道在游泳池右侧)的游泳池内比赛时,同一组成绩最好的选手,应编排在第 3 或第 4 泳道;

(2)如果泳池的泳道数是奇数,根据报名成绩,同一组成绩最好的选手应编排在中间泳道,成绩次好的应安排在其左侧泳道,再次好的安排在右侧泳道；

（3）成绩相同的选手通过抽签的方式决定泳道位置。

晋级方式

（1）如果同组或不同组的选手预赛或半决赛的成绩相同（精确到1/100秒），且都排在第8名或第16名时，应进行重赛，以确定谁进入半决赛或决赛；

（2）当半决赛或决赛中有一名或一名以上选手弃权，其名额可按选手预赛或半决赛的成绩依次替补。

蛙泳是竞技游泳的四种泳式之一，在比赛中有一定的规定要求：

（1）必须从出发台起跳出发，当总裁判发出长哨声信号后，选手应站到出发台上，当发令员发出"各就位"的口令后，选手应至少有一只脚在出发台的前缘做好出发准备，手臂位置不限；

（2）出发和每次转身后，从第一次手臂动作开始，身体应保持俯卧姿势，任何时候不允许呈仰卧姿势，比赛全程中每个动作周期应按照一次划水和一次蹬腿的顺序进行；

（3）两臂的所有动作应在同一水平面上同时进行，不得有交替动作；

（4）两手应同时在水面、水下或水上由胸前伸出，除转身前、转身过程中和终点触壁前的最后一个动作外，两肘不得露出水面，除出发和每次转身后的第一次划水动作外，两手向后划水不得超过臀线；

（5）在每个完整动作周期内，选手头部的某一部分应露出水面只有在出发和每次转身后，选手可做一次手臂充分的向后划至腿部的动作，但在第二次划臂至最宽点并在两手向内划水前，头必须露出水面，当身体完全没入水中时，允许做一次海豚式打水动作，之后接蛙泳蹬水动作，在此之后，腿部的所有动作应同时在同一水平面内进行，不得有交替动作；

（6）在蹬腿产生推进力的过程中，两脚必须做外翻动作，在每个完整动作周期内，不允许做剪夹、上下交替打水或向下的海豚式打水动作，只要不

接着做向下的海豚式打腿动作,允许两脚露出水面;

(7)在每次转身和达到终点时,两手应在水面、水上或水下同时触壁,触壁前的最后一次划水动作结束后,头可以潜入水中,但在触壁前的一个完整或不完整的配合动作中,头的某一部分应露出水面。

第二节 裁判方法

在比赛过程中,裁判人员通过履行其职责,进行正确的裁判工作,来保证比赛的公平、公正。

裁判人员

在正式的游泳比赛中,裁判员应包括总裁判、技术检查员、发令员、转身检查员、计时员、编排记录员、检录员、报告员和司线等。如果使用自动计时装置,应增设自动计时长一人、自动计时员一人。基层比赛的裁判员人数可根据比赛的具体条件安排。

犯规

以下几种情况,视为犯规:

(1)选手必须在自己的泳道内比赛完毕,否则判为犯规;

(2)游出本泳道或用其他方式干扰、阻碍其他选手者应取消其录取资格;

(3)选手转身时必须使身体某一部分触及池壁,否则判为犯规;

(4)选手不得使用或穿戴任何有利于其速度、浮力的器具(如手蹼、脚蹼等,但可戴护目镜),否则判为犯规;

(5)不允许陪游、带游,不允许采取任何能起速度诱导作用的办法,否则判为犯规。

名次与成绩判定

计时方法

（1）比赛中如果使用自动计时装置，由该装置判定的名次、成绩应比人工计时的判定优先采用；

（2）当自动计时装置失灵未能记录一名或多名选手的成绩或名次时，应记录自动计时装置上已得到的有效成绩和名次，并记录所有人工计时的成绩和名次。

名次判定

（1）在同组比赛中，将同样具有自动计时装置记录成绩和名次的选手进行比较，应保留其相对顺序；

（2）不具有自动计时装置记录名次，但具有自动计时装置记录成绩的选手，应通过选手自动计时装置记录成绩与其他具有自动计时装置记录名次的选手的成绩进行比较，确定其相对顺序；

（3）既没有自动计时装置记录名次，又无自动计时装置记录成绩的选手，应通过半自动计时装置（或三块计时秒表）记录的成绩，确定其相对顺序。

成绩判定

（1）具有自动计时装置记录成绩的所有选手，该成绩即为正式成绩；

（2）所有不具备自动计时装置记录成绩的选手，半自动计时装置（或三块计时秒表）记录的成绩即为正式成绩。

附录 技术等级和段位标准表

为了帮助读者了解游泳运动的锻炼水平，特列举了技术等级标准和不同年龄的段位标准，供参考。

全国业余游泳锻炼技术等级标准（女子）

	业余健将		一级	
	50米池	25米池	50米池	25米池
50米自由泳	35.00	34.00	39.00	38.00
100米自由泳	1:19.00	1:17.50	1:25.00	1:23.50
200米自由泳	2:47.00	2:44.00	3:02.00	2:59.00
400米自由泳	5:47.50	5:40.50	6:18.00	6:11.00
50米蛙泳	44.00	43.00	49.00	48.00
100米蛙泳	1:36.00	1:34.00	1:45.00	1:43.00
200米蛙泳	3:28.00	3:24.00	4:47.00	4:43.00
50米仰泳	40.50	39.50	44.00	43.00
50米蝶泳	38.50	37.50	41.00	40.00

全国业余游泳锻炼技术等级标准（女子）

	二级		三级	
	50米池	25米池	50米池	25米池
50米自由泳	46.50	45.50	58.00	57.00
100米自由泳	1:42.00	1:40.50	2:07.00	2:05.50
200米自由泳	3:39.00	3:36.00	4:33.00	4:30.00
400米自由泳	7:35.00	7:28.00	9:26.00	9:19.00
50米蛙泳	59.00	58.00	1:14.00	1:13.00
100米蛙泳	2:06.00	2:04.00	2:37.50	2:35.50
200米蛙泳	4:34.00	4:30.00	5:42.50	5:38.50
50米仰泳	52.50	51.50	1:05.00	1:04.00
50米蝶泳	50.50	49.50	1:02.50	1:01.50

全国业余游泳锻炼段位标准(男子)19～24 岁组

	一段(飞鱼)		二段(鲸鱼)	
	50 米池	25 米池	50 米池	25 米池
50 米自由泳	35.00	35.00	37.00	37.00
100 米自由泳	1:20.00	1:19.00	1:24.00	1:23.00
200 米自由泳	2:55.00	2:53.00	3:03.00	3:01.00
400 米自由泳	6:10.00	6:07.00	6:26.00	6:23.00
50 米蛙泳	43.00	43.00	45.00	45.00
100 米蛙泳	1:36.00	1:35.00	1:40.00	1:39.00
200 米蛙泳	3:27.00	3:25.00	3:35.00	3:33.00
50 米仰泳	42.00	42.00	44.00	44.00
50 米蝶泳	41.00	41.00	43.00	43.00

全国业余游泳锻炼段位标准(男子)19~24岁组

	三段（海豚）		四段（海豹）	
	50米池	25米池	50米池	25米池
50米自由泳	40.00	40.00	45.00	45.00
100米自由泳	1:30.00	1:29.00	1:40.00	1:39.00
200米自由泳	3:15.00	3:13.00	3:35.00	3:33.00
400米自由泳	6:50.00	6:47.00	7:30.00	7:27.00
50米蛙泳	48.00	48.00	53.00	53.00
100米蛙泳	1:46.00	1:45.00	1:56.00	1:55.00
200米蛙泳	3:47.00	3:45.00	4:07.00	4:05.00
50米仰泳	47.00	47.00	52.00	52.00
50米蝶泳	46.00	46.00	51.00	51.00

全国业余游泳锻炼段位标准（男子）19～24 岁组

	五段		六段	
	50 米池	25 米池	50 米池	25 米池
50 米自由泳	53.00	53.00	1:03.00	1:03.00
100 米自由泳	1:46.00	1:45.00	2:16.00	2:15.00
200 米自由泳	3:47.00	3:45.00	4:47.00	4:45.00
400 米自由泳	7:54.00	7:51.00	9:54.00	9:51.00
50 米蛙泳	1:01.00	1:01.00	1:11.00	1:11.00
100 米蛙泳	2:12.00	2:11.00	2:32.00	2:31.00
200 米蛙泳	4:39.00	4:37.00	5:19.00	5:17.00
50 米仰泳	1:00.00	1:00.00	1:10.00	1:10.00
50 米蝶泳	59.00	59.00	1:09.00	1:09.00

全国业余游泳锻炼段位标准(男子)19～24 岁组

	七段		八段	
	50 米池	25 米池	50 米池	25 米池
50 米自由泳	1:18.00	1:18.00	1:38.00	1:38.00
100 米自由泳	2:46.00	2:45.00	3:26.00	3:25.00
200 米自由泳	5:47.00	5:45.00	7:07.00	7:05.00
400 米自由泳	11:54.00	11:51.00	14:34.00	14:31.00
50 米蛙泳	1:26.00	1:26.00	1:46.00	1:46.00
100 米蛙泳	3:02.00	3:01.00	3:42.00	3:41.00
200 米蛙泳	6:19.00	6:17.00	7:39.00	7:37.00
50 米仰泳	1:25.00	1:25.00	1:45.00	1:45.00
50 米蝶泳	1:24.00	1:24.00	1:44.00	1:44.00

全国业余游泳锻炼段位标准(男子)25～34岁组

	一段(飞鱼)		二段(鲸鱼)	
	50米池	25米池	50米池	25米池
50米自由泳	37.00	37.00	39.00	39.00
100米自由泳	1:24.00	1:23.00	1:28.00	1:27.00
200米自由泳	3:03.00	3:01.00	3:11.00	3:09.00
400米自由泳	6:26.00	6:23.00	6:42.00	6:39.00
50米蛙泳	46.00	46.00	48.00	48.00
100米蛙泳	1:42.00	1:41.00	1:46.00	1:45.00
200米蛙泳	3:39.00	3:37.00	3:47.00	3:45.00
50米仰泳	45.00	45.00	47.00	47.00
50米蝶泳	44.00	44.00	46.00	46.00

全国业余游泳锻炼段位标准(男子)25~34 岁组

	三段(海豚)		四段(海豹)	
	50 米池	25 米池	50 米池	25 米池
50 米自由泳	42.00	42.00	47.00	47.00
100 米自由泳	1:38.00	1:37.00	1:44.00	1:43.00
200 米自由泳	3:31.00	3:29.00	3:43.00	3:41.00
400 米自由泳	7:22.00	7:19.00	7:46.00	7:43.00
50 米蛙泳	51.00	51.00	56.00	56.00
100 米蛙泳	1:52.00	1:51.00	2:02.00	2:01.00
200 米蛙泳	3:59.00	3:57.00	4:19.00	4:17.00
50 米仰泳	50.00	50.00	55.00	55.00
50 米蝶泳	49.00	49.00	54.00	54.00

全国业余游泳锻炼段位标准(男子)25~34 岁组

	五段		六段	
	50 米池	25 米池	50 米池	25 米池
50 米自由泳	55.00	55.00	1:05.00	1:05.00
100 米自由泳	2:00.00	1:59.00	2:20.00	2:19.00
200 米自由泳	4:15.00	4:13.00	4:55.00	4:53.00
400 米自由泳	8:50.00	8:47.00	10:10.00	10:07.00
50 米蛙泳	1:04.00	1:04.00	1:14.00	1:14.00
100 米蛙泳	2:18.00	2:17.00	2:38.00	2:37.00
200 米蛙泳	4:51.00	4:49.00	5:31.00	5:29.00
50 米仰泳	1:03.00	1:03.00	1:13.00	1:13.00
50 米蝶泳	1:02.00	1:02.00	1:12.00	1:12.00

全国业余游泳锻炼段位标准(男子)25~34 岁组

	七段		八段	
	50 米池	25 米池	50 米池	25 米池
50 米自由泳	1:15.00	1:15.00	1:35.00	1:35.00
100 米自由泳	2:40.00	2:39.00	3:20.00	3:19.00
200 米自由泳	5:35.00	5:33.00	6:55.00	6:53.00
400 米自由泳	11:30.00	11:27.00	14:10.00	14:07.00
50 米蛙泳	1:29.00	1:29.00	1:49.00	1:49.00
100 米蛙泳	3:08.00	3:07.00	3:48.00	3:47.00
200 米蛙泳	6:31.00	6:29.00	7:51.00	7:49.00
50 米仰泳	1:28.00	1:28.00	1:48.00	1:48.00
50 米蝶泳	1:27.00	1:27.00	1:47.00	1:47.00

段位标准

全国业余游泳锻炼段位标准(男子)35～44 岁组

	一段(飞鱼)		二段(鲸鱼)	
	50 米池	25 米池	50 米池	25 米池
50 米自由泳	40.00	40.00	42.00	42.00
100 米自由泳	1:30.00	1:29.00	1:34.00	1:33.00
200 米自由泳	3:15.00	3:13.00	3:23.00	3:21.00
400 米自由泳	6:50.00	6:47.00	7:06.00	7:03.00
50 米蛙泳	48.50	48.50	50.50	50.50
100 米蛙泳	1:47:00	1:46:00	1:51.00	1:50.00
200 米蛙泳	3:49:00	3:47:00	3:57.00	3:55.00
50 米仰泳	47.00	47.00	49.00	49.00
50 米蝶泳	46.00	46.00	48.00	48.00

全国业余游泳锻炼段位标准(男子)35~44 岁组

	三段(海豚)		四段(海豹)	
	50 米池	25 米池	50 米池	25 米池
50 米自由泳	45.00	45.00	50.00	50.00
100 米自由泳	1:40.00	1:39.00	1:50.00	1:49.00
200 米自由泳	3:35.00	3:33.00	3:55.00	3:53.00
400 米自由泳	7:30.00	7:27.00	8:10.00	8:07.00
50 米蛙泳	53.50	53.50	58.50	58.50
100 米蛙泳	1:57.00	1:56.00	2:07.00	2:06.00
200 米蛙泳	4:14.00	4:12.00	4:29.00	4:27.00
50 米仰泳	52.00	52.00	57.00	57.00
50 米蝶泳	51.00	51.00	56.00	56.00

全国业余游泳锻炼段位标准（男子）35～44 岁组

	五段		六段	
	50 米池	25 米池	50 米池	25 米池
50 米自由泳	58.00	58.00	1:08.00	1:08.00
100 米自由泳	2:06.00	2:05.00	2:26.00	2:25.00
200 米自由泳	4:27.00	4:25.00	5:07.00	5:05.00
400 米自由泳	9:14.00	9:11.00	10:34.00	10:31.00
50 米蛙泳	1:06.50	1:06.50	1:16.50	1:16.50
100 米蛙泳	2:23.00	2:22.00	2:43.00	2:42.00
200 米蛙泳	5:01.00	4:59.00	5:41.00	5:39.00
50 米仰泳	1:05.00	1:05.00	1:15.00	1:15.00
50 米蝶泳	1:04.00	1:04.00	1:14.00	1:14.00

全国业余游泳锻炼段位标准(男子)35～44岁组

	七段		八段	
	50米池	25米池	50米池	25米池
50米自由泳	1:23.00	1:23.00	1:43.00	1:43.00
100米自由泳	2:56.00	2:55.00	3:36.00	3:35.00
200米自由泳	6:07.00	6:05.00	7:27.00	7:25.00
400米自由泳	12:34.00	12:31.00	15:18.00	15:15.00
50米蛙泳	1:31.50	1:31.50	1:51.50	1:51.50
100米蛙泳	3:13.00	3:12.00	3:53.00	3:52.00
200米蛙泳	6:41.00	6:39.00	8:01.00	7:59.00
50米仰泳	1:30.00	1:30.00	1:50.00	1:50.00
50米蝶泳	1:29.00	1:29.00	1:49.00	1:49.00

段位标准

全国业余游泳锻炼段位标准(男子)45~54 岁组

	一段(飞鱼)		二段(鲸鱼)	
	50 米池	25 米池	50 米池	25 米池
50 米自由泳	43.00	43.00	45.00	45.00
100 米自由泳	1:36:00	1:35:00	1:40:00	1:39:00
200 米自由泳	3:27.00	3:25.00	3:35.00	3:33.00
400 米自由泳	7:14.00	7:11.00	7:30.00	7:27.00
50 米蛙泳	51.00	51.00	53.00	53.00
100 米蛙泳	1:52.00	1:51.00	1:56.00	1:55.00
200 米蛙泳	3:59.00	3:57.00	4:07.00	4:05.00
50 米仰泳	50.00	50.00	52.00	52.00
50 米蝶泳	49.00	49.00	51.00	51.00

全国业余游泳锻炼段位标准(男子)45～54 岁组

	三段（海豚）		四段（海豹）	
	50 米池	25 米池	50 米池	25 米池
50 米自由泳	48.00	48.00	53.00	53.00
100 米自由泳	1:46.00	1:45.00	1:56.00	1:55.00
200 米自由泳	3:47.00	3:45.00	4:07.00	4:05.00
400 米自由泳	7:54.00	7:51.00	8:34.00	8:31.00
50 米蛙泳	56.00	56.00	1:01.00	1:01.00
100 米蛙泳	2:02.00	2:01.00	2:12.00	2:11.00
200 米蛙泳	4:19.00	4:17.00	4:39.00	4:37.00
50 米仰泳	55.00	55.00	1:00.00	1:00.00
50 米蝶泳	54.00	54.00	59.00	59.00

全国业余游泳锻炼段位标准（男子）45～54岁组

	五段		六段	
	50米池	25米池	50米池	25米池
50米自由泳	1:01.00	1:01.00	1:11.00	1:11.00
100米自由泳	2:12.00	2:11.00	2:32.00	2:31.00
200米自由泳	4:39.00	4:37.00	5:19.00	5:17.00
400米自由泳	9:38.00	9:35.00	10:48.00	10:45.00
50米蛙泳	1:09.00	1:09.00	1:19.00	1:18.00
100米蛙泳	2:28.00	2:27.00	2:48.00	2:46.00
200米蛙泳	5:11.00	5:09.00	5:49.00	5:47.00
50米仰泳	1:08.00	1:08.00	1:18.00	1:18.00
50米蝶泳	1:07.00	1:07.00	1:17.00	1:17.00

全国业余游泳锻炼段位标准(男子)45~54 岁组

	七段		八段	
	50 米池	25 米池	50 米池	25 米池
50 米自由泳	1:26.00	1:26.00	1:46.00	1:46.00
100 米自由泳	3:02.00	3:01.00	3:42.00	3:41.00
200 米自由泳	6:19.00	6:17.00	7:39.00	7:37.00
400 米自由泳	12:58.00	12:55.00	15:38.00	15:32.00
50 米蛙泳	1:34.00	1:34.00	1:54.00	1:54.00
100 米蛙泳	3:18.00	3:17.00	3:58.00	3:57.00
200 米蛙泳	6:51.00	6:47.00	8:11.00	8:09.00
50 米仰泳	1:33.00	1:33.00	1:53.00	1:53.00
50 米蝶泳	1:32.00	1:32.00	1:52.00	1:52.00

全国业余游泳锻炼段位标准(女子)19～24岁组

	一段(飞鱼)		二段(鲸鱼)	
	50米池	25米池	50米池	25米池
50米自由泳	41.00	41.00	43.00	43.00
100米自由泳	1:32.00	1:31.00	1:36.00	1:35.00
200米自由泳	3:19.00	3:17.00	3:27.00	3:25.00
400米自由泳	6:58.00	6:55.00	7:14.00	7:11.00
50米蛙泳	50.00	50.00	52.00	52.00
100米蛙泳	1:50.00	1:49.00	1:54.00	1:53.00
200米蛙泳	3:55.00	3:53.00	4:03.00	4:01.00
50米仰泳	49.00	49.00	51.00	51.00
50米蝶泳	50.00	50.00	52.00	52.00

全国业余游泳锻炼段位标准（女子）19～24 岁组

	三段（海豚）		四段（海豹）	
	50 米池	25 米池	50 米池	25 米池
50 米自由泳	46.00	46.00	51.00	51.00
100 米自由泳	1:42.00	1:41.00	1:52.00	1:51.00
200 米自由泳	3:39.00	3:37.00	3:59.00	3:57.00
400 米自由泳	7:38.00	7:35.00	8:18.00	8:15.00
50 米蛙泳	55.00	55.00	1:00.00	1:00.00
100 米蛙泳	2:00.00	1:59.00	2:10.00	2:09.00
200 米蛙泳	4:15.00	4:13.00	4:35.00	4:33.00
50 米仰泳	54.00	54.00	59.00	59.00
50 米蝶泳	55.00	55.00	1:00.00	1:00.00

全国业余游泳锻炼段位标准(女子)19~24岁组

	五段		六段	
	50米池	25米池	50米池	25米池
50米自由泳	59.00	59.00	1:09.00	1:09.00
100米自由泳	2:08.00	2:07.00	2:28.00	2:27.00
200米自由泳	4:31.00	4:29.00	5:11.00	5:09.00
400米自由泳	9:22.00	9:19.00	10:42.00	10:39.00
50米蛙泳	1:08.00	1:08.00	1:18.00	1:18.00
100米蛙泳	2:26.00	2:25.00	2:46.00	2:45.00
200米蛙泳	5:07.00	5:05.00	5:47.00	5:45.00
50米仰泳	1:07.00	1:07.00	1:17.00	1:17.00
50米蝶泳	1:08.00	1:08.00	1:18.00	1:18.00

全国业余游泳锻炼段位标准(女子)19～24岁组

	七段		八段	
	50米池	25米池	50米池	25米池
50米自由泳	1:24.00	1:24.00	1:44.00	1:44.00
100米自由泳	2:58.00	2:57.00	3:38.00	3:37.00
200米自由泳	6:11.00	6:09.00	7:31.00	7:29.00
400米自由泳	12:42.00	12:39.00	15:22.00	15:19.00
50米蛙泳	1:33.00	1:33.00	1:53.00	1:53.00
100米蛙泳	3:16.00	3:15.00	3:56.00	3:55.00
200米蛙泳	6:47.00	6:45.00	8:07.00	8:05.00
50米仰泳	1:32.00	1:32.00	1:52.00	1:52.00
50米蝶泳	1:33.00	1:33.00	1:53.00	1:53.00

段位标准

全国业余游泳锻炼段位标准(女子)25～34 岁组

	一段(飞鱼)		二段(鲸鱼)	
	50 米池	25 米池	50 米池	25 米池
50 米自由泳	44.50	44.50	46.50	46.50
100 米自由泳	1:39.00	1:38.00	1:43.00	1:42.00
200 米自由泳	3:33.00	3:31.00	3:41.00	3:39.00
400 米自由泳	7:26.00	7:23.00	7:42.00	7:39.00
50 米蛙泳	54.00	54.00	56.00	56.00
100 米蛙泳	1:58.00	1:57.00	2:02.00	2:01.00
200 米蛙泳	4:11.00	4:09.00	4:19.00	4:17.00
50 米仰泳	53.00	53.00	55.00	55.00
50 米蝶泳	54.00	54.00	56.00	56.00

全国业余游泳锻炼段位标准(女子)25～34 岁组

	三段（海豚）		四段（海豹）	
	50 米池	25 米池	50 米池	25 米池
50 米自由泳	49.50	49.50	54.50	54.50
100 米自由泳	1:49.00	1:48.00	1:59.00	1:58.00
200 米自由泳	3:53.00	3:51.00	4:13.00	4:11.00
400 米自由泳	8:06.00	8:03.00	8:46.00	8:43.00
50 米蛙泳	59.00	59.00	1:04.00	1:04.00
100 米蛙泳	2:08.00	2:07.00	2:18.00	2:17.00
200 米蛙泳	4:31.00	4:29.00	4:49.00	4:51.00
50 米仰泳	58.00	58.00	1:03.00	1:03.00
50 米蝶泳	59.00	59.00	1:04.00	1:04.00

全国业余游泳锻炼段位标准(女子)25~34 岁组

	五段		六段	
	50米池	25米池	50米池	25米池
50米自由泳	1:02.50	1:02.50	1:12.50	1:12.50
100米自由泳	2:15.00	2:14.00	2:35.00	2:34.00
200米自由泳	4:45.00	4:43.00	5:25.00	5:23.00
400米自由泳	9:50.00	9:47.00	11:00.00	10:57.00
50米蛙泳	1:12.00	1:12.00	1:22.00	1:22.00
100米蛙泳	2:34.00	2:33.00	2:54.00	2:53.00
200米蛙泳	5:23.00	5:21.00	6:03.00	6:01.00
50米仰泳	1:11.00	1:11.00	1:21.00	1:21.00
50米蝶泳	1:12.00	1:12.00	1:22.00	1:22.00

全国业余游泳锻炼段位标准(女子)25～34岁组

	七段		八段	
	50米池	25米池	50米池	25米池
50米自由泳	1:27.50	1:27.50	1:47.50	1:47.50
100米自由泳	3:05.00	3:04.00	3:45.00	3:44.00
200米自由泳	6:25.00	6:23.00	7:45.00	7:43.00
400米自由泳	13:10.00	13:07.00	15:50.00	15:47.00
50米蛙泳	1:37.00	1:37.00	1:57.00	1:57.00
100米蛙泳	3:24.00	3:23.00	4:04.00	4:03.00
200米蛙泳	7:03.00	7:01.00	8:23.00	8:21.00
50米仰泳	1:41.00	1:41.00	2:01.00	2:01.00
50米蝶泳	1:37.00	1:37.00	1:57.00	1:57.00

全国业余游泳锻炼段位标准(女子)35~44 岁组

	一段(飞鱼)		二段(鲸鱼)	
	50米池	25米池	50米池	25米池
50米自由泳	48.00	48.00	50.00	50.00
100米自由泳	1:46.00	1:45.00	1:50.00	1:49.00
200米自由泳	3:47.00	3:45.00	3:55.00	3:53.00
400米自由泳	7:54.00	7:51.00	8:10.00	8:07.00
50米蛙泳	57.00	57.00	59.00	59.00
100米蛙泳	2:04.00	2:03.00	2:08.00	2:07.00
200米蛙泳	4:23.00	4:21.00	4:31.00	4:29.00
50米仰泳	56.00	56.00	58.00	58.00
50米蝶泳	57.00	57.00	59.00	59.00

全国业余游泳锻炼段位标准(女子)35～44岁组

	三段(海豚)		四段(海豹)	
	50米池	25米池	50米池	25米池
50米自由泳	53.00	53.00	58.00	58.00
100米自由泳	1:56.00	1:55.00	2:06.00	2:05.00
200米自由泳	4:07.00	4:05.00	4:27.00	4:25.00
400米自由泳	8:34.00	8:31.00	9:14.00	9:11.00
50米蛙泳	1:02.00	1:02.00	1:07.00	1:07.00
100米蛙泳	2:14.00	2:13.00	2:24.00	2:23.00
200米蛙泳	4:43.00	4:41.00	5:03.00	5:01.00
50米仰泳	1:01.00	1:01.00	1:06.00	1:06.00
50米蝶泳	1:02.00	1:02.00	1:07.00	1:07.00

全国业余游泳锻炼段位标准(女子)35~44 岁组

	五段		六段	
	50米池	25米池	50米池	25米池
50米自由泳	1:06.00	1:06.00	1:16.00	1:16.00
100米自由泳	2:22.00	2:21.00	2:42.00	2:41.00
200米自由泳	4:59.00	4:57.00	5:39.00	5:37.00
400米自由泳	10:18.00	10:15.00	11:38.00	11:35.00
50米蛙泳	1:15.00	1:15.00	1:25.00	1:25.00
100米蛙泳	2:40.00	2:39.00	3:00.00	2:59.00
200米蛙泳	5:35.00	5:33.00	6:15.00	6:13.00
50米仰泳	1:14.00	1:14.00	1:24.00	1:24.00
50米蝶泳	1:15.00	1:15.00	1:25.00	1:25.00

全国业余游泳锻炼段位标准(女子)35~44岁组

	七段		八段	
	50米池	25米池	50米池	25米池
50米自由泳	1:31.00	1:31.00	1:51.00	1:51.00
100米自由泳	3:12.00	3:11.00	3:52.00	3:51.00
200米自由泳	6:39.00	6:37.00	7:59.00	7:57.00
400米自由泳	11:35.00	13:38.00	13:35.00	16:18.00
50米蛙泳	1:40.00	1:40.00	2:00.00	2:00.00
100米蛙泳	3:50.00	3:49.00	4:10.00	4:09.00
200米蛙泳	7:55.00	7:53.00	8:40.00	8:38.00
50米仰泳	1:39.00	1:39.00	1:59.00	1:59.00
50米蝶泳	1:40.00	1:40.00	2:00.00	2:00.00

全国业余游泳锻炼段位标准(女子)45～54岁组

	一段(飞鱼)		二段(鲸鱼)	
	50米池	25米池	50米池	25米池
50米自由泳	52.00	52.00	54.00	54.00
100米自由泳	1:54.00	1:53.00	1:58.00	1:57.00
200米自由泳	4:03.00	4:01.00	4:11.00	4:09.00
400米自由泳	8:26.00	8:23.00	8:42.00	8:39.00
50米蛙泳	1:00.00	1:00.00	1:02.00	1:02.00
100米蛙泳	2:10.00	2:09.00	2:14.00	2:13.00
200米蛙泳	4:35.00	4:33.00	4:43.00	4:41.00
50米仰泳	59.00	59.00	1:01.00	1:01.00
50米蝶泳	1:00.00	1:00.00	1:02.00	1:02.00

全国业余游泳锻炼段位标准(女子)45～54岁组

	三段（海豚）		四段（海豹）	
	50米池	25米池	50米池	25米池
50米自由泳	57.00	57.00	1:02.00	1:02.00
100米自由泳	2:04.00	2:03.00	2:14.00	2:13.00
200米自由泳	4:23.00	4:21.00	4:43.00	4:41.00
400米自由泳	9:06.00	9:03.00	9:46.00	9:43.00
50米蛙泳	1:05.00	1:05.00	1:10.00	1:10.00
100米蛙泳	2:20.00	2:19.00	2:30.00	2:29.00
200米蛙泳	4:55.00	4:53.00	5:15.00	5:13.00
50米仰泳	1:04.00	1:04.00	1:09.00	1:09.00
50米蝶泳	1:05.00	1:05.00	1:10.00	1:10.0

段位标准

全国业余游泳锻炼段位标准(女子)45~54 岁组

	五段		六段	
	50 米池	25 米池	50 米池	25 米池
50 米自由泳	1:10.00	1:10.00	1:20.00	1:20.00
100 米自由泳	2:30.00	2:29.00	2:50.00	2:49.00
200 米自由泳	5:15.00	5:13.00	5:55.00	5:53.00
400 米自由泳	10:50.00	10:47.00	12:10.00	12:07.00
50 米蛙泳	1:18.00	1:18.00	1:28.00	1:28.00
100 米蛙泳	2:46.00	2:45.00	3:06.00	3:05.00
200 米蛙泳	5:47.00	5:45.00	6:27.00	6:25.00
50 米仰泳	1:17.00	1:17.00	1:27.00	1:27.00
50 米蝶泳	1:18.00	1:18.00	1:28.00	1:28.00

全国业余游泳锻炼段位标准(女子)45～54 岁组

	七段		八段	
	50 米池	25 米池	50 米池	25 米池
50 米自由泳	1:35.00	1:35.00	1:55.00	1:55.00
100 米自由泳	3:20.00	3:19.00	4:00.00	3:59.00
200 米自由泳	6:55.00	6:53.00	8:15.00	8:13.00
400 米自由泳	14:10.00	14:07.00	16:50.00	16:47.00
50 米蛙泳	1:43.00	1:43.00	2:03.00	2:03.00
100 米蛙泳	3:36.00	3:35.00	4:16.00	4:15.00
200 米蛙泳	7:27.00	7:25.00	8:47.00	8:45.00
50 米仰泳	1:42.00	1:42.00	2:02.00	2:02.00
50 米蝶泳	1:43.00	1:43.00	2:03.00	2:03.00

全国业余游泳锻炼段位标准(男女)55岁以上组

	一段(飞鱼)		二段(鲸鱼)	
	50米池	25米池	50米池	25米池
50米自由泳	56.00	56.00	58.00	58.00
100米自由泳	2:02.00	2:01.00	2:06.00	2:05.00
200米自由泳	4:19.00	4:17.00	4:27.00	4:25.00
400米自由泳	8:58.00	8:55.00	9:14.00	9:11.00
50米蛙泳	1:03.00	1:03.00	1:05.00	1:05.00
100米蛙泳	2:16.00	2:15.00	2:20.00	2:19.00
200米蛙泳	4:47.00	4:45.00	4:55.00	4:53.00
50米仰泳	1:02.00	1:02.00	1:04.00	1:04.00
50米蝶泳	1:03.00	1:03.00	1:05.00	1:05.00

全国业余游泳锻炼段位标准（男女）55岁以上组

	三段（海豚）		四段（海豹）	
	50米池	25米池	50米池	25米池
50米自由泳	1:01.00	1:01.00	1:06.00	1:06.00
100米自由泳	2:12.00	2:11.00	2:22.00	2:21.00
200米自由泳	4:39.00	4:37.00	4:59.00	4:57.00
400米自由泳	9:38.00	9:35.00	10:18.00	10:15.00
50米蛙泳	1:08.00	1:08.00	1:13.00	1:13.00
100米蛙泳	2:26.00	2:25.00	2:36.00	2:35.00
200米蛙泳	5:07.00	5:05.00	5:27.00	5:25.00
50米仰泳	1:07.00	1:07.00	1:12.00	1:12.00
50米蝶泳	1:08.00	1:08.00	1:13.00	1:13.00

段位标准

全国业余游泳锻炼段位标准（男女）55 岁以上组

	五段		六段	
	50 米池	25 米池	50 米池	25 米池
50 米自由泳	1:14.00	1:14.00	1:24.00	1:24.00
100 米自由泳	2:38.00	2:37.00	2:58.00	2:57.00
200 米自由泳	5:31.00	5:29.00	6:11.00	6:09.00
400 米自由泳	11:22.00	11:19.00	12:42.00	12:39.00
50 米蛙泳	1:21.00	1:21.00	1:31.00	1:31.00
100 米蛙泳	2:52.00	2:51.00	3:12.00	3:11.00
200 米蛙泳	5:59.00	5:57.00	6:39.00	6:37.00
50 米仰泳	1:20.00	1:20.00	1:30.00	1:30.00
50 米蝶泳	1:21.00	1:21.00	1:31.00	1:31.00

全国业余游泳锻炼段位标准(男女)55岁以上组

	七段		八段	
	50米池	25米池	50米池	25米池
50米自由泳	1:39.00	1:39.00	1:59.00	1:59.00
100米自由泳	3:28.00	3:27.00	4:08.00	4:07.00
200米自由泳	7:11.00	7:09.00	8:31.00	8:29.00
400米自由泳	14:42.00	14:39.00	17:22.00	17:19.00
50米蛙泳	1:46.00	1:46.00	2:06.00	2:06.00
100米蛙泳	3:42.00	3:41.00	4:22.00	4:21.00
200米蛙泳	7:39.00	7:37.00	8:59.00	8:57.00
50米仰泳	1:45.00	1:45.00	2:05.00	2:05.00
50米蝶泳	1:46.00	1:46.00	2:06.00	2:06.00

段位标准